Da música, seus usos e recursos

FUNDAÇÃO EDITORA DA UNESP

Presidente do Conselho Curador
Herman Voorwald

Diretor-Presidente
José Castilho Marques Neto

Editor-Executivo
Jézio Hernani Bomfim Gutierre

Assessor Editorial
Antonio Celso Ferreira

Conselho Editorial Acadêmico
Alberto Tsuyoshi Ikeda
Célia Aparecida Ferreira Tolentino
Eda Maria Góes
Elisabeth Criscuolo Urbinati
Ildeberto Muniz de Almeida
Luiz Gonzaga Marchezan
Nilson Ghirardello
Paulo César Corrêa Borges
Sérgio Vicente Motta
Vicente Pleitez

Editores-Assistentes
Anderson Nobara
Arlete Zebber
Ligia Cosmo Cantarelli

Maria de Lourdes Sekeff

Da música, seus usos e recursos

2ª edição
revista e ampliada

3ª reimpressão

editora
unesp

© 2007 Editora UNESP

Direitos de publicação reservados à:

Fundação Editora da UNESP (FEU)
Praça da Sé, 108 – 01001-900 – São Paulo – SP
Tel.: (0xx11) 3242-7171
Fax: (0xx11) 3242-7172
www.editoraunesp.com.br
feu@editora.unesp.br

CIP – Brasil. Catalogação na fonte
Sindicato Nacional dos Editores de Livros, RJ

Z29m
2.ed.
Zampronha, Maria de Lourdes Sekeff
   Do música, seus usos e recursos / Maria de Lourdes Sekeff. – 2.ed. rev. e ampliada. – São Paulo: Editora UNESP, 2007.

ISBN 978-85-7139-768-2

   1. Música - Aspectos psicológicos. 2. Música - Filosofia e estética. 3. Música na educação. I. Título.

07-2337.   CDD: 780.19
                                                                                    CDU: 78.01

Editora afiliada:

Asociación de Editoriales Universitarias
de América Latina y el Caribe

Associação Brasileira de
Editoras Universitárias

Nas canções se refugiam as emoções
da história sem datas nem fatos.
(*Garcia Lorca*)

Quem uma vez compreendeu minha
música será livre da miséria em
que os outros se arrastam
(*Ludwig van Beethoven*)

A função da música hindustani ...
é a de elevar a alma e o espírito
dos ouvintes numa espécie de
viagem por outros mundos, algo
muito semelhante ao que os
jovens procuram artificialmente
por meio de drogas.
(*Ravi Shankar*)

Sumário

Prefácio   9

Primeiras palavras   13

1. Da música, seus usos e recursos   17

2. Características psicológicas da música   25

3. Emoção musical   53

4. O poder da música   69

5. Música, seus usos e recursos   95

6. Música e educação   127

7. Reflexões finais: ainda sobre música e educação   145

Referências bibliográficas   181

Prefácio

Apesar de sua aparência, este livro não é inofensivo: contém informações que podem transformar a visão que o leitor possui da música e de sua própria musicalidade. Por isso, é recomendável que a leitura se faça com muita atenção.

Da música, seus usos e recursos é vibrante, tanto pelas informações que reúne como pela forma particular e característica com a qual Maria de Lourdes Sekeff produz seu discurso.

Em meio a uma plêiade de assuntos da mais alta relevância, temas de variadas naturezas são abordados por obra de uma sensibilidade viva, sobre a qual não apenas músicas e sons, mas também conceitos e ideias ressoam de maneira intensa.

São convidados especiais no palco das reflexões Freud, Jung, Eco, Copland, Willems, Peirce, Ehrenzweig, Sacks, Susan Langer, Benenzon, Huizinga, Piaget, Gardner, Morin, entre outros, cujas descobertas e formulações no século recém-passado modelaram decisivamente a leitura e a compreensão que hoje temos de nossa maneira de ser e estar no mundo, das refinadas relações que com ele estabelecemos.

Com base na contribuição desses reconhecidos estudiosos, a autora apresenta então tópicos essenciais relativos à música, seu impacto e sua ressonância sobre os seres humanos, conjugando enfoques filosóficos, científicos e poéticos. Escreve, descreve, comenta como se estivesse conversando lado a lado com o leitor ouvinte. A desenvoltura com que trata esses protagonistas e seus pontos de vista instaura-se igualmente na relação que estabelece com aquele que acompanha o fluxo dos pensamentos no fio de seu discurso.

Na realidade, os conteúdos apresentados emergem mais propriamente como questões, problemáticas existenciais, que em momentos assumem roupagem semiológica, filosófica, pedagógica, psicológica, sempre, no entanto, alinhavadas por proposições de uma área especialmente cara à autora, a musicoterapia.

Com isso, o que faz é estimular seus leitores-ouvintes para que redobrem a atenção quanto ao sentido determinante oferecido pelo potencial da alquimia sonora sobre o comportamento humano, ao mesmo tempo que com eles compartilha o próprio e intenso entusiasmo (o que, aliás, Sekeff sempre fez pessoalmente, antes mesmo de Evans mencionar o conselho de Lorenz...).

Educadora que é, porém, seu aporte destina-se à formação. Este é seu assunto primeiro e último, seu tema declarado e secreto. O que lhe interessa é a reflexão sobre a música como ferramenta ampla de conhecimento e de transformação do homem (não descartando também a possibilidade inversa). Toma a música como ponte entre realidade aparente e inconsciente, com função de espelho mágico integrando as dimensões internas e externas do ser, e põe em evidência qual a espécie de poder que busca conferir-lhe.

Situa, assim, o valor formador da música na essência mais profunda e instigante dessa arte – explicitando ou não alguns de seus atributos: revitalização da sensibilidade e da curiosidade, possibilidade de alteração da consciência, centramento e intensificação da atenção (a que chamamos consciência), experimentação do sentimento de êxtase e contato com o sublime, suspensão da percepção cotidiana e utilitária, instauração de novas e mais originais modalidades de compreensão e de relacionamento com o mundo etc.

A "música na escola", reivindicada por ela várias vezes ao longo deste livro, não é expressão de um eventual "como pensamos hoje" (apesar de sua indiscutível necessidade), tampouco referência de "adestramento instrumental", mas resultado de convicção enraizada em extensa, dedicada e experiente trajetória humanista.

Doutora e professora titular do Instituto de Artes da UNESP, com larga produção acadêmica, há no Brasil raras profissionais como ela. Pesquisadora, conferencista ativa e persuasiva, empreendedora dinâmica, Maria de Lourdes Sekeff é reconhecidamente uma profissional incansável e, por sua originalidade, única.

Poucas são as pessoas que a ouviram explanar sobre algum assunto sem que tenham sentido a necessidade premente de conhecê-lo mais.

Se compositores criam música e músicos interpretações, Sekeff produz discursos e ouvidos para ela, convencida que está de sua importância na vida dos seres humanos, tanto individual quanto coletivamente.

Num parágrafo podemos constatar a força de sua intenção, a natureza do engajamento a que se propõe:

> Para além da lógica e do pensamento rotineiros, dominando procedimentos libertadores e otimizando funções cognitivas e criativas, a vivência musical que se pretende na educação não diz respeito apenas ao exercício de obras caracterizadamente *belas*, assinaladamente *bem-feitas*, mas sim a todas que *motivam* o indivíduo a romper pensamentos prefixados, induzindo-o à projeção de sentimentos, auxiliando-o no desenvolvimento e no equilíbrio de sua vida afetiva, intelectual e social, contribuindo enfim para a sua condição de ser pensante. [cf. p.128, grifos da autora]

Em razão da múltipla dimensão de "usos" da música nas diferentes épocas e culturas e assim de sua importância tanto na vida cotidiana quanto extraordinária de qualquer sociedade conhecida (cumprindo função essencial em todas as comemorações, cerimônias e rituais, nos momentos de alegria e tristeza, de solidão ou recolhimento, de interação ou comunhão, mas sempre momentos significativos de nossa existência), seus "recursos" só podem ser mais bem compreendidos proporcionalmente, e aí com o mesmo valor e a complexidade que caracterizam a constituição de cada indivíduo.[1]

Este livro, segundo considero, procura à sua maneira justamente chamar a atenção para o poder da música e o papel que ela desempenha e pode vir a desempenhar na vida de todos os seres humanos, sem exceção. Poder e papel, aliás, bem menos inofensivos e bem mais fundamentais do que muitos ainda hoje parecem considerar.[2]

Prof. Dr. Carlos Kater[3]

---

1 Afora as referências citadas neste trabalho, outras possíveis seriam inumeráveis, compreendendo muito além de autores ou trabalhos específicos, toda a etnomusicologia e disciplinas do conhecimento sistemático dedicadas ao estudo da criatividade, dos costumes e das religiões, por exemplo.

2 Muitos educadores, administradores da educação, artistas, pedagogos, psicólogos, assistentes sociais, políticos, formadores de opinião, instituições de ensino e pesquisa.

3 Musicólogo, compositor e educador, com muitos artigos e livros publicados, Carlos E. Kater é doutor pela Universidade de Paris IV-Sorbonne, professor titular da EM/UFMG, consultor do CNPq, da Faperj e da Fapesp, além de integrar o conselho de consultores de várias revistas de pós-graduação de universidades do país. Pertence ao quadro de professores da Universidade São Marcos, da qual é membro do Conselho de Extensão e coordenador do Núcleo de Música.

Primeiras palavras

> O homem é a presença de todas as determinações de uma interpretação.
>
> (*Ortega y Gasset*)

Para a leitura deste livro não são exigidos conhecimentos altamente especializados, em razão de o material aqui desenvolvido ser exposto de forma que o torne acessível. A proposta é levar o leitor a questionamentos e reflexões que resultem numa vivência musical mais rica, plena, e que promova no educador consciência das reais possibilidades e do alcance da música na educação, na medida em que esta linguagem favorece o bem-estar do educando e o desenvolvimento de sua equação pessoal, como bem pontua a musicoterapia.

Objetiva-se com este trabalho maior consciência da dimensão educacional de uma linguagem que, dados os seus múltiplos sentidos, fala diretamente ao nosso corpo, nossa mente, nossas emoções, pois que a música *nasce* diretamente de nosso corpo, mente e emoções. Desse modo, longe de ser tão somente uma experiência estética, o exercício da música é também uma experiência fisiológica, biológica, psicológica e mental, com poder de nos *fazer sentir*.[1]

Música não é somente um recurso de combinação e exploração de ruídos, sons e silêncios, em busca do chamado *gozo estético*. Ela é também um recurso de *expressão* (de sentimentos, ideias, valores, cultura, ideologia), um recurso de *comunicação* (do indivíduo consigo mesmo e com o meio que o circunda), de *gratificação* (psíquica, emocional, artística), de *mobilização* (física, motora, afetiva, intelectual) e *autorrealização* (o indivíduo com aptidões artístico-musicais mais cedo ou mais tarde direciona-se nesse sentido, seja *criando* – compondo, improvisando –, *re-criando* – interpretando, tocando, cantando, "construindo" uma nova *parição* –, ou simplesmente *apreciando* – vivenciando o prazer da escuta). E isso em razão da existência de uma compulsão quase irresistível para levar o indivíduo a se tornar aquilo que ele *é*, do mesmo modo que todo organismo é impulsionado a assumir a forma característica de sua natureza, sejam quais forem as circunstâncias, como já dizia Jung (apud Silveira, 1975, p.100).

A música é, por outro lado, um recurso de *expurgação, catarse, maturação,* e por sua prática aprende-se a organizar o pensamento, a estruturar o saber adquirido, a reconstruí-lo, a fixá-lo ativamente; ela é também recurso de *prazer* (gratuidade artística, música pela música, pelo simples prazer de fazer música) e de *sublimação* (movimento pulsional que se dirige para um determinado fim), além do que, tomada agora como disciplina paramédica, *musicoterapia,* tem entre outros o estatuto de *colaborar* com a saúde física e mental do indivíduo.

Procura-se, assim, com este trabalho sensibilizar leitores, sobretudo educadores, para a necessidade dessa linguagem[2] no pro-

---

1 Não se pretende expor aqui métodos e técnicas de aprendizagem musical, mas estimular, sim, uma reflexão em torno da temática.
2 Linguagem é tomada aqui como tudo o que serve para exprimir nossa interioridade.

cesso da educação *formal* e *in-formal* do educando e em particular para a necessidade da música nas escolas de primeiro e segundo grau, seja como atividade lúdica, exercício do fazer, ou tão somente como escuta, uma vez que ela constitui uma interface da própria educação.

Para tanto adentra-se, entre outras questões, no levantamento, na reflexão e conceituação das características psicológicas da música, características de *aconceitualidade* e *indução*, tema de um dos capítulos. Ao longo dessa tarefa recorre-se também a um contraponto com a psicologia e outras interfaces disciplinares, assegurando desse modo a pleiteada fundamentação teórica para um trabalho que pretende incursionar no *poder* da música, na *emoção* musical e em questionamentos a respeito de seus *usos* e *recursos* na educação.

Sabe-se hoje que o indivíduo é que constrói o saber sobre tudo que o cerca, tanto quanto o conhecimento de si próprio. Sabe-se também que as ciências cognitivas (psicologia cognitiva, linguística, inteligência artificial, filosofia, neurobiologia, antropologia, lógica) procuram responder à questão de como se desenvolvem os diferentes conhecimentos, num diálogo com o novo mundo da informática, partindo da premissa de que o computador é o mais poderoso elemento de manipulação simbólica (Soares, 1993).[3]

E se essas ciências consideram prematuro levar em conta, num primeiro momento, *aspectos emocionais* envolvidos no processo de entendimento – ainda que se admita sua relevância –, a verdade é que se tornou necessário inseri-los no estudo dos trabalhos cognitivos; o que significa dizer que se deve introduzir a música nos trabalhos de pesquisa que buscam contribuir com o estudo de processos *globais* do pensamento.

E isso porque música lida com cognição, *emoção*, atividade motora, e responde a diferentes necessidades do indivíduo como

---

[3] Adriana Soares desenvolve o assunto no livro *O que são Ciências Cognitivas* (1993). Recomendamos sua leitura aos interessados.

já assinalava Dalcroze.[4] Seja como vibração sonora pulsando no tempo (agindo *fisiologicamente*), seja como experiência estética (cuja dimensão afetiva age *psicologicamente*) ou como expressão, *facilitadora* de equilíbrio psíquico, desenvolvimento e socialização, a adequada prática da música colabora no desenvolvimento da personalidade do educando e possibilita, como ferramenta auxiliar, a reintegração do infradotado à sociedade.

Refletindo no sentido da educação *formal* e atentando às considerações da psicologia genética quando informa que a organização do pensamento e a estruturação do saber advêm fundamentalmente da atividade do sujeito, infere-se que a prática musical constitui significativa ferramenta no processo educacional, por ser uma atividade de construção, performance e/ou escuta que, animada pela afetividade e pela cognição, nasce do indivíduo e o atinge no seu todo. De mais a mais, como ciência humanística que é, revela aproximações com a teoria da educação, a literatura, antropologia, semiótica e acústica, teorias que vão alimentar seus *usos* e *recursos*.

Desse modo, considerando argumentações de diferentes pesquisadores e tendo em conta nossas próprias reflexões, procura-se aqui instigar um novo olhar sobre a *música na educação*, com consequentes mudanças de paradigma no ensino. Não é assim fora de propósito a afirmação do filósofo Cesare de La Rocca, de que o artista é o pedagogo da humanidade, pois sua arte provoca nas pessoas mudanças profundas de mentalidade, atitudes, hábitos e comportamentos, que são os grandes resultados de todo processo educativo (La Rocca, 2000, p.13).

---

4 Jacques Emile Dalcroze (1865-1950), vienense, é considerado o criador da rítmica. Para ele, a música deve ocupar papel importante na educação em geral, pois responde aos mais diversos desejos do homem. O estudo da música é o estudo do homem mesmo (cf. Benenzon, 1971, p.35-6).

1
Da música, seus usos e recursos

> Que me perdoem,
> mas música é fundamental!
> (parafraseando o poeta!)
>
> Não direi que é verdade.
> Direi apenas que é possível.
>
> (*Charles Richet*)

A música é um poderoso agente de estimulação motora, sensorial, emocional e intelectual, informa a psicologia. Sendo assim, não favoreceria o desenvolvimento de nossas potencialidades e a maturação de nossa equação pessoal? A música tem o poder de evocar, associar e integrar experiências, diz a psiquiatria. Sendo assim, não beneficiaria o equilíbrio de nossa vida psíquica? Ela é uma atividade temporal, perceptiva, uma atividade de criação, recriação e/ou escuta que nunca é passiva, ensina a musicoterapia. O seu exercício não estimularia, desse modo, a capacidade de análise e síntese e o desenvolvimento das funções psíquicas superiores do educando? A música se relaciona sempre com o indivíduo pois nasce de sua mente, fala de suas emoções e de sua gama perceptual. Não possibilitaria, igualmente, a harmonia de nossa vida psicológica e mental? Relacionando-se com o corpo biológico do criador–receptor e com a "palavra" que o sujeito dessa linguagem articula na construção–reconstrução de seu discurso, tendo as múltiplas articulações dessa relação a função de fazer ressoar, a música não estimularia uma desejada pertinência expressiva? E mais, não haveria na prática musical espaço para a expressão da totalidade do indivíduo, compositor, intérprete, ouvinte – expressão consciente e também inconsciente –, já que ele está sempre entre o real (impossível) e o simbólico, na sabedoria lacaniana?

Todas essas perguntas se inflamam sobremaneira, em particular quando, do ponto de vista da psicologia, pensamos que a música é um recurso que faculta a expressão do "eu" mediante simbolismos aparentemente inocentes (duração, altura, intensidade, timbre, densidade, notas, pausas, escalas, sistemas, categorias, funções, relações). Além do que, parodiando Freud, a música, arte dos sons, é o único campo da civilização em que se manteve a onipotência dos pensamentos.

E aí atenta-se para a dimensão e o alcance dessa linguagem nas possibilidades de seus *usos* e *recursos*, e seu efetivo concurso no processo de desenvolvimento, individuação, socialização, cognição, criatividade e consciência de cidadania do educando.

Tendo em conta que a música, modo peculiar de se organizar experiências, atende a diferentes aspectos do desenvolvimento humano (físico, mental, social, emocional, espiritual), infere-se ser possível recortar seu papel como agente *facilitador* e integrador do processo educacional, enfatizando desse modo sua importância nas escolas em virtude de sua ação multiplicadora de crescimento.

As considerações resultantes destas reflexões acabam por conduzir aos jogos do *simbólico* e do *imaginário*. Do *simbólico*, uma vez que signos sonoros possibilitam pensar espaços ausentes, retomar tempos passados e planejar o futuro. Do *simbólico* ainda, tendo em conta que a consciência humano–reflexiva se processa por sentidos e *símbolos* – incluindo os musicais – que se enraízam em nossa vida, nos sentimentos que temos das coisas e de nós mesmos. E mais uma vez do *simbólico* porque, por intermédio dos *símbolos*, o homem transcende sua esfera física e biológica e porque, finalmente, jogos musicais são sempre estruturados como *linguagem poética, metalinguística*.

As reflexões conduzem, por outro lado, aos jogos do *imaginário*, já que a música, linguagem icônica, carregando em seus flancos o inconsciente (ISSO), traz sempre uma lacuna que é preenchida pelo imaginário do receptor na escuta; e, ainda, porque, sendo essencialmente multívoco, o discurso musical expressa sempre mais do que "dizem" os sons.

No movimento dessas considerações e permeável às influências dessa linguagem do sensível, o educando acaba por se comprometer com uma ferramenta que lhe propicia o exercício da espontaneidade, da criatividade, do desenvolvimento e da formação de vínculos sociais. Mesmo porque música, arte da expressão, do tempo e da articulação sequencial, arte que se dá no espaço e no tempo dos sentimentos, é sempre discurso de produção de sentido, com possibilidades de interpretação as mais plurais.

Desse modo, parafraseando o pedagogo Rubem Alves (1981), aqui está alguém que sugere que o processo educacional e o ensino nas escolas sejam acrescidos dos recursos e das potencialidades dessa linguagem. Mas a questão não é simplesmente incluir a música como disciplina curricular, pois isso já foi feito e, imprudentemente, desfeito, retirada que foi das escolas. A questão também não é supor, ilusoriamente, que a música *seja a solução* dos problemas educacionais, o que no mínimo seria apelar para o risível. A questão é, sim, refletir e aproveitar o *alcance* de uma ferramenta que possibilita ao indivíduo ir além do imaginado, pois que imantada de um sentido que fala ao educando, permite o acesso a dimensões para além das reveladas pela lógica, pelo raciocínio e pensamento discursivo.

Praticá-la é, pois, trabalhar a educação dos sentimentos tanto quanto do raciocínio, já que *sentidos musicais* auxiliam no desenvolvimento do pensamento lógico do educando.¹ Cabe assim proceder a uma reengenharia do ensino, introduzindo em seu repertório o exercício da música com seus mecanismos de ação, pensamento, emoção, comunicação, expressão, socialização. A proposta é que a música funcione como eixo comum de interdisciplinaridade escolar, alimentando a capacidade necessária para se enfrentar um mundo em transição, um mundo onde a escola já não é o *lugar privilegiado* de acesso à informação, mas que ainda assim pode e deve ter o papel de ensinar a organizar ideias, criando conhecimento e soluções.²

A música é repertoriada em um contexto social, cultural e ideológico; é igualmente definida por um tempo e uma época (nem sempre cronológicos, mas também tempo e época de antecipações); é fundamentada em teorias, princípios e leis que garantem a sua identidade (gênero, estilo, forma), e é sustentada por uma sintaxe de semântica autônoma que responde por sua legitimidade. Sendo assim, as diferentes relações sonoras adquirem uma lógica intelectual e um significado psicológico tais que determinam (ou deveriam determinar) um efeito direto e "objetivo" sobre o ouvinte.

Mas, por ser uma realidade temporal, *presentidade* absoluta, por suas características psicológicas de *aconceitualidade* e *indução*, por seu cunho *onírico* (música é uma experiência na qual fantasia e realidade se encontram intimamente ligadas), *inconsciente* (as ideias mais significativas têm origem no mais profundo do psiquismo, como ensina Jung) e *sexual* (no sentido de libido, energia vital, força propulsora da atividade psíquica), por tudo isso, enfim, ela opera tanto no cérebro inferior, o tálamo, como também no cérebro superior, o que lhe permite ir além do insuspeitado.

---

1 Remete-se o leitor ao livro *Fundamentos estéticos da educação* (1981), de João-Francisco Duarte Jr., no qual este assunto é desenvolvido com arguta sabedoria.
2 Servimo-nos das considerações de Patrícia Lins e Silva na introdução ao livro *Educação pelo argumento*, de Gustavo Bernardo (2000).

Fluindo em nosso eu, "mexendo" com nossos tempo, espaço e movimento psíquicos, esta linguagem faculta ao indivíduo sentir-se muito mais intensamente, ao mesmo tempo que possibilita um reencontro com o poder "de jogar com o não senso e a dispensa temporária da obrigação de contar com os processos secundários que geram o princípio de realidade" (Bellemin-Nöel, 1978, p.39).

Isso não significa que em nossa relação com a música a razão deixe de intervir. Ela está sempre presente, já que sua feitura, leitura e escuta, absolutamente exigentes, necessitam de uma organização lógica e um aprendizado consciente. Necessitam também de um encadeamento lógico de ideias quando se quer falar *de*, e *sobre* música. A razão está sempre presente nesse universo que, não obstante, traz consigo elementos que escapam ao domínio do racional, respondendo por uma "comunicação" que atua também por outros canais como a emoção, intuição, associação, evocação.

Se música não é criação arbitrária, se sua escuta tampouco o é – já que o texto musical "impõe" ordem e forma à sua leitura, à sua reconstrução – e se toda organização dotada de sensibilidade induz o indivíduo a uma resposta afetiva correspondente, a verdade é que a esse movimento juntam-se outros, facilmente transparentes nos não iniciados musicais, como os citados movimentos de intuição, evocação, associação, integração.

Daí que o domínio desse universo é também o do não racional, do indizível, da sensibilidade, do inconsciente. Quem sabe por isso o psiquiatra Fábio Landa, referindo-se à arte incomum dos psicóticos, que a partir de 1950 passou a integrar os mais conceituados acervos culturais como aconteceu na 16ª Bienal de São Paulo, em 1981, tenha afirmado que

> não se pode pensar em nada que existe no inconsciente que um dia não tenha estado fora dele, e em nada que existe no inconsciente que hoje não tente se articular com a realidade. (Landa, 1981)

Da música, seus usos e recursos constitui um encontro, uma discussão, um debate em torno da ação de uma arte cuja função poética torna presente o que existe em ausência na linguagem, (no sentido tomado por Jakobson, 1968),[3] satisfazendo um desejo que é em parte *físico*, em parte *emocional*, em parte *sensorial*, *intelectual, estético, musical*.

Como o desenvolvimento de nossa personalidade depende da satisfação de necessidades emocionais básicas, e como a música oferece sempre um grande número de experiências sensoriais, emocionais, intelectuais e sociais extremamente gratificantes segundo pesquisas de educadores como Edgar Willems, Murray Schafer, Antonio Yepes, Emma Garmendia, e de musicoterapeutas como Juliette Alvin, Thayer Gaston, Rolando Benenzon (este, introdutor da Musicoterapia no Brasil, em 1971), não há como desprezar os *usos e recursos* da música, quer se pense em termos de educação, quer em termos de saúde ou simplesmente de bem-estar.

A investigação e aplicação de conhecimentos psicopedagógicos dos *recursos* musicais são assim importantes para o educador, o educando e a comunidade. Para o educador no sentido de esclarecer, auxiliar e fortalecer sua ação formadora, possibilitando-lhe a adequação de programas musicais ao perfil psicológico, afetivo e intelectual do educando, favorecendo desse modo o seu alcance.

Tendo em vista o temperamento, por exemplo, o educador levará em conta que nos *introvertidos* a libido se liga com mais frequência a objetos internos, o que significa dizer que esses educandos caracterizam-se por alta estimulação cortical, e é isso que os leva a formar melhores respostas condicionadas, ao contrário dos *extrovertidos*, nos quais a libido segue o seu curso de forma natural em relação ao mundo, condicionando-os menos, em rela-

---

[3] Em *Linguística e comunicação*, Jakobson desenvolve o modelo comunicacional, as funções de linguagem e concepções sobre a essência da linguagem.

ção aos primeiros. Esta temática foi bastante pesquisada pelo psicólogo comportamentalista Hans J. Eysenck,[4] e esse conhecimento, por si, lança alguma luz sobre a seleção e a aplicabilidade do repertório musical no campo da educação.

Entretanto, nesse mesmo estudo acerca de temperamentos Eysenck teve a sabedoria de ressaltar a necessidade de manter cautela com relação a tipologias radicais, muito ao gosto do americano, tipologias que qualificam o sujeito em "tipo isto" ou "tipo aquilo". A despeito da sua teoria sobre os extrovertidos e introvertidos, para Eysenck nenhum sujeito é exclusivamente isto ou aquilo, nenhum sujeito é exclusivamente extrovertido ou introvertido, mas *predominantemente* extrovertido ou introvertido.

A aplicabilidade dos conhecimentos psicopedagógicos dos *recursos* musicais é ainda importante para o educando, no sentido particular do desenvolvimento do sentimento *estético* propriamente dito. Ainda mais tendo em conta que, antes de ser razão, o ser humano é emoção, e que música é concreção de sentimentos numa forma que a consciência capta de maneira mais global e abrangente do que no pensamento rotineiro. E é assim que, como criação, recriação e/ou contemplação de formas expressivas do sentimento humano, a música sempre induz movimentos afetivos que se processam na escuta pela vivência de estruturas que nela existem como texto.

Esse saber também é necessário à comunidade, pois possibilita o desenvolvimento, em seu seio, da consciência de que a música transcende o mero sentimento *estético*, caracterizando-se como recurso de desenvolvimento pessoal, equilíbrio, estímulo e integração do indivíduo ao meio em que vive, além de se cons-

---

4 Debruçando-se sobre duas importantes questões, a da *tonalidade psicológica* e a dos *testes de personalidade*, o psicólogo Hans Eysenck desenvolveu uma teoria em que trata da dinâmica da ansiedade e histeria, comprovando aí a sua hipótese de que os extrovertidos são caracterizados por certa *inibição cortical*, ao passo que os introvertidos, por *uma excitação cortical* (apud Evans, 1976, p.307).

tituir um *auxiliar* agradável e poderoso no tratamento de certas doenças, sobretudo as de origem nervosa.

Aliás, à luz da ciência contemporânea a música é considerada uma força capaz de exercer ação psicofisiológica, favorecendo desse modo o indivíduo, mesmo o doente mental, desde que neste último a desagregação psíquica não esteja em nível muito acentuado. Agindo através de seus elementos constitutivos, *ritmo* – elemento ativo, *melodia* (e timbre) – elemento afetivo, *harmonia* (e estrutura, e forma) – elemento intelectual, a música tem sempre o poder de nos alcançar, e contra isso somos relativamente indefesos.

Deste modo, há vários caminhos a seguir quando se pensa em educação, desenvolvimento, crescimento, equação pessoal. E um deles é aquele que também se vale da música, e sem que se aprisione sua prática em inflexíveis grades analíticas ou em categóricos lances teóricos, mas trabalhando – sim! – seus limites e suas possibilidades relacionais. É nosso propósito, aqui.

2
Características psicológicas da música
aconceitualidade – indução

> Nada é gratuito.
> Tudo é significante!
>
> Os signos das obras musicais não demandam respostas ativas dirigidas a objetivos explícitos. Simplesmente preparam estados!

Àquele que se permite o prazer da escuta musical pode-se perguntar: o que se *ouve* na escuta? o que se *experiencia* na escuta? para logo lembrar-se de que, assim como para Proust o princípio da arte é pessoal, original e individual (Said, 1992, p.147),[1] na aparente *assignificação* da música, marcada por repetições e diferenças que aí se inscrevem, *ouve-se* um discurso de *sentido*, no qual o receptor toma a palavra traindo sempre algo do inconsciente que sua escuta revela e oculta.

Se música não fala nem pensa, se não se reduz ao que "sentia" o compositor no momento de sua criação nem ao que se

---
1 O escritor francês Marcel Proust também diz que livros são obras da solidão e filhas do silêncio. Estes são comentários passíveis de serem aplicados à música, uma vez que representa a imparidade e a absoluta individualidade da arte.

pretende que sugiram as imagens sonoras, as respostas que suscita vão muito além, reconhecidas na ação do chamado *jogo poético da linguagem musical*. Tendo em conta que a mera combinação dos sons é construção imantada de sentido, deduz-se que a música se constitui verdadeiro *objeto material* que, entrando pelo ouvido[2] enraíza-se no eu, insere-se num esquema afetivo, estimula atividades corporais e, por sua ludicidade – que não serve a nada servindo a tudo ao mesmo tempo –, permite que o ouvinte se revele na escuta sem que ele mesmo se dê conta.

A despeito de estar sempre vinculada a um repertório cultural e individual (não existe música inocente!), a escuta musical, em suas possibilidades de analogia com os sentimentos, acaba por *dizer* sem revelar e *calar* pelo que mostra. Ludicamente elaborada, marcada por uma seriedade que preside a sua construção e produzida segundo princípios de determinada sintaxe, uma sintaxe de semântica própria caracterizando significantes válidos somente para aquela obra específica, a linguagem musical é dotada de *vazios* de inspirada poética, garantindo à escuta uma pertinente dose de marginalidade.

Assim, no exercício da escuta *ouvimos* o discurso musical mas também *ouvimos* a nós mesmos, em razão da lacunosidade de um jogo que, mesmo organicamente elaborado, é marcado por características psicológicas de *aconceitualidade* e *indução*. Como processo lacunar, incompleto em si (a música só se completa no ouvinte!), a escuta permite então *ouvir* uma fala diferente que, indo além do texto, não nos "fala" só do outro, texto, mas do outro em nós, possibilitando-nos *tomar a palavra*.

Falando só de si, dobrando-se sobre si mesma num processo de tautologia pura, a linguagem musical instaura um *jogo* que

---

2   São três os sistemas que possibilitam a percepção do som: o sistema de percepção interna, o sistema visual e o sistema tátil ou sensório-tátil (este, o mais importante dos três). De forma bem sintética pode-se dizer que os sons nos penetram não só pelo ouvido, mas também pela pele, pelos músculos, ossos e sistema nervoso autônomo, como bem informa a Musicoterapia.

envolve formas sonoras *versus* ouvinte, diante do objeto comum a ambos, *som/silêncio*, garantindo ao receptor ecoar os plurais sentidos ali expostos. Se a ambiguidade do signo poético-musical instiga e provoca inúmeros modos de tentativa de apreensão do real, ele também faculta um encontro do ouvinte consigo mesmo, em razão do que, como já dito, a música nada diz, ela *só se mostra*.

Aconceitualidade

> Música é resultado da combinação e sucessão de sons simultâneos de tal forma organizados, que a impressão causada sobre o ouvido seja agradável e a impressão sobre a inteligência seja compreensível, e que essas impressões tenham o poder de influenciar os recantos ocultos de nossas almas e de nossas esferas sentimentais, e que esta influência transporte-nos para uma terra de sonhos, de desejos satisfeitos, ou para um pesadelo infernal de...etc. ...etc.
>
> (*Schoenberg*)

A despeito de sua lógica constitutiva a música é *aconceitual*, mesmo a pretensa música descritiva. É como diz o compositor Aaron Copland:

> a música tem um significado? ao que minha resposta seria *sim*. E depois: você pode dizer em um certo número de palavras que significado é esse? e aqui a minha resposta seria *não*. Aí é que está a dificuldade. As pessoas de natureza mais simples nunca se contentarão com essa resposta à segunda pergunta. Elas sempre desejam que a música tenha um significado, e quanto mais concreto, melhor. (Copland, 1974, p.23-4)

Copland provavelmente se refere aqui ao movimento desempenhado pelos mecanismos de funcionamento do aparelho psíquico, os chamados processos *primário* e *secundário*. Freud deduziu desses processos *regras de transformação*, às quais estão submetidos os conteúdos inconscientes. Para esse psicanalista, do ponto de vista tópico, o processo *primário* caracteriza o sistema *inconsciente;* o processo *secundário* corresponde ao *pré-consciente/consciente,* e as *regras de transformação* são quatro, a saber:

- só se formula o que pode ser *figurado,* percebido, visualizado (o sonho, por exemplo);
- qualquer objeto, pessoa, lugar, coisa, pode condensar outros nas duas pontas da cadeia de *transformação* (um animal reúne pai, irmão, por exemplo);
- o que é essencial geralmente vem deslocado para uma situação acessória, e um pequeno detalhe revela a palavra-chave;
- a sequência que reúne os elementos inconscientes se apresenta de forma elaborada, processo *secundário,* resultando na língua articulada sobre a realidade, um argumento narrativo ou dramático, a "fachada do sonho".

Do ponto de vista econômico-dinâmico, no *processo primário* a energia psíquica escoa livremente de uma representação a outra, segundo mecanismos de deslocamento e condensação, reinvestindo as representações ligadas às vivências de satisfação constitutivas do desejo. Já o *processo secundário* promove a fixação da energia na representação, e para tanto determina certos trajetos do pensamento, interdita as impressões de se descarregarem em outros percursos, permite diferentes caminhos possíveis de satisfação e propicia o seu adiamento.

É interessante saber que, partindo desse conhecimento, Lacan redefiniria os mecanismos do inconsciente assim formulados por Freud, identificando-os com figuras retóricas. A condensação seria assimilada à metáfora, pois que se trata da substituição de um termo por outro, e o deslocamento seria equiparado à metonímia, combinação de um termo com outro.

Mas a propósito de que se remete o leitor aos chamados processo *primário* e *secundário*? Porque apenas dentro desse modelo de funcionamento psíquico é que se compreende, psicologicamente falando, a contribuição do artista na construção (composição) e reconstrução (performance, leitura, escuta) musicais.[3] Pode-se também acrescentar neste momento que construção e reconstrução constituem em sua gênese um processo *primário*, cujo resultado estimula processos *secundários* na percepção do público. Artista e público participam assim de *forma indivisível* da feitura global da obra musical que só se completa, realmente, *na escuta*.

Debruçando-se sobre o assunto e pesquisando os processos constitutivos do trabalho criativo (o que resultou na feitura do livro *Psicanálise da percepção artística*, 1977), Anton Ehrenzweig, psicanalista kleiniano austríaco, radicado nos Estados Unidos, elabora um estudo da dimensão estética humana, sustentado em descobertas da psicologia, ligadas particularmente ao tema da percepção. Como a psicologia da forma ou da Gestalt foi a corrente que mais se dedicou ao estudo e à experimentação no campo da percepção, é para ela que Ehrenzweig se volta na fundamentação teórica de seu trabalho.

Para a Gestalt, entre outras questões, no campo perceptivo a mente humana diferencia dois elementos, *figura* e *fundo*. A *figura* diz respeito àquela percepção processada numa forma plena, pregnante, sobre a qual se focaliza a atenção; o *fundo* é o suporte "neutro", o espaço em volta, percebido de maneira vaga. Relativizando esses conceitos, Ehrenzweig demonstra a existência de uma outra percepção que vai além desta, *consciente*; é a chamada percepção *inconsciente*, que não segue as leis formuladas pela Gestalt e que corre paralela à percepção *consciente*.

Mergulhando nesses conceitos e analisando-os, ele os relativiza, sobretudo quando trata da experiência estética, concebida em sua teoria como uma espécie de *jogo* entre essas duas percepções. Assim, para Ehrenzweig, a atividade perceptiva

---

3 Ressalte-se que no universo da música há sempre uma ingerência do processo primário no secundário.

compreende, ao lado da percepção *consciente* (conceitual e prática), um outro tipo de movimento, a percepção *inconsciente*, diferente e desarticulada em relação à primeira. Nesta segunda articulação (*inconsciente*) a percepção resulta sincrética e "mais emocional" que a primeira, ao mesmo tempo que propicia a apreensão de todos os elementos do campo total no mesmo plano de importância, ou seja, sem hierarquização (*figura e fundo*).

Em todo esse processo, Ehrenzweig mostra que a percepção *consciente*, integrando o que ele chama de mente de superfície, objetiva sempre elaborar o campo, articulando seus elementos em formas perfeitas, reconhecíveis, com volume, reprimindo para tanto aquelas formas inarticuladas, representações de forças emocionais do inconsciente e objeto da mente profunda (percepção *inconsciente*), a fim de organizar *figura e fundo*. Como acontece também na escuta musical, em que as duas percepções trabalham juntas embora só atentemos para a percepção de superfície, gestáltica, articulada, ficando o resto fora da consciência.

Quanto ao prazer estético, diz Ehrenzweig, este advém do conflito entre essas duas percepções, da repressão exercida pela mente consciente e de seu trabalho na construção de formas mais bem acabadas e plenas.

Para ele, a infraestrutura da arte é modulada por processos profundamente inconscientes, podendo expor uma organização complexa superior à estrutura lógica do pensamento consciente. Daí a sua afirmação de que a experiência estética é sempre resultado da luta entre um movimento inconsciente e a reação do superego,[4] que ao reprimir a inarticulação inconsciente favorece a articulação consciente. A tendência à Gestalt é aprendida, acres-

---

4 Termo estabelecido por Freud, o superego caracteriza uma das três instâncias do aparelho psíquico (id, ego e superego) de acordo com a segunda teoria freudiana. Mecanismo de censura de nossa mente, o superego caracteriza o conjunto de forças morais, forças inibidoras que se desenvolvem sob a influência da educação, durante o período de socialização, e sua função é "reprimir" desejos, forças e emoções primitivas que existem em nós.

centa, e pode servir "para desviar a atenção dos elementos inarticulados do real" (1977, p.43).

O mesmo processo acontece no universo musical em que a contribuição do compositor e intérprete (como já se o disse) funciona como um processo primário, incompleto em si, estimulando processos secundários na percepção do ouvinte, com a obra se integralizando *na escuta*.

A teoria de Ehrenzweig habilita a ratificação da necessidade da música na educação, a necessidade da música nas escolas de primeiro e segundo grau, pois seu exercício torna viável o desenvolvimento de alternâncias entre modos de pensar articulados e inarticulados, que, estendendo-se além da prática musical, faculta ao educando combiná-los e utilizá-los na solução de outros problemas e tarefas.

Essa equação é firmada pela característica *aconceitual* da música. Alimentando a percepção *inconsciente* e garantindo uma leitura plural à percepção *consciente*, a *aconceitualidade* propicia um "re-jogar jogos esquecidos", cujos efeitos sublimados são reconhecidos no trabalho *elaborado* e ao mesmo tempo poético da linguagem musical. A obra musical é assim um jogo que exige labor, trabalho, organicidade, "pois trata-se [inconscientemente, claro] de apagar os traços do processo primário, afogando-os no meio dos processos secundários que se encontram mais ou menos subvertidos" (Bellemin-Nöel, 1978, p.33).

A *aconceitualidade* da música traz à tona a questão do referente. A música possui referente? Não, a música não possui referente. Presentidade absoluta, qualidade pura, ela não se refere a nada a não ser a si mesma, e, embora resulte de um movimento de expressão do compositor, refere-se apenas à sua estrutura, dobrando-se para tanto sobre si.

Mas concordamos com o crítico e historiador J. J. de Moraes (1983, p.83) quando ele diz que no parque indígena do Xingu, em Mato Grosso, faz-se uma música que pode soar primitiva para nós civilizados, repertoriados na cultura das grandes cidades. Essa música, de importância considerável para aquele grupo indígena, faz parte integrante de suas vidas e garante continuidade social e cosmológica. Não obstante, para nós soa estranha, diferente, e não conseguimos vivenciar espontaneamente o sentido (ritualístico) que seus movimentos sonoros pretendem transmitir. Ou seja, os signos musicais e sua sintaxe relacional ganham sentidos diferentes em diferentes culturas, uma vez que a linguagem musical é uma forma de nos relacionarmos com o mundo. É desse modo que a música do Xingu, música funcional, de "função social interessada", *possui* referente, a despeito de ser marcada em sua gênese pela iconicidade, sem que possa em princípio significar, pois o *significar* é de natureza essencialmente simbólica.

Em virtude de sua essência, a linguagem musical não exprime situações unívocas. *Aconceitual*, é marcada pela ambiguidade; *aconceitual*, é incapaz de determinar a formação de ideias claras e categóricas; *aconceitual*, é polissêmica, favorecendo múltiplas leituras. Dotada de *sentido* – pois significantes são articulados na sua construção e realização –, ainda assim a música nada diz, pois sentido não quer dizer significação, sentido não quer dizer *referente*. E quanta coisa toma então pregnância na música, exatamente porque ela escapa da significação!

É essa característica de *aconceitualidade* que estabelece na escuta aquela margem de lacunosidade, limitada no caso dos iniciados, mas ainda assim suficiente para garantir a singularidade de sua vivência. Mesmo porque nunca há total correspondência entre a emoção de duas pessoas. Ora, sabendo que a qualidade de "comunicação" que a música promove está ligada ao nosso sistema psicomotor; sabendo que ela expressa *formas emocionais* – o que significa dizer que movimentos musicais têm analogia com movimentos afetivos, com sentimentos; sabendo que a música mexe com nosso tempo, espaço e movimento psíquicos, e que estimulando essa dimensão afetiva ela acaba por facultar associação, evocação e integração de experiências, entende-se quão rica é sua natureza psicológica.

Lúdica e organicamente construída, sustentada por regras, princípios e leis que legitimam a sua identidade, nessa linguagem as diferentes combinações de sons adquirem uma lógica intelectual e uma significação psicológica tais que "determinam" um movimento direto sobre o ouvinte. Não obstante, por se estruturar no tempo, por ser uma arte não verbal, por sua iconicidade e *aconceitualidade*, ela nunca diz nada. E é falando somente de si que a música se torna capaz de *induzir* movimentos e de se associar a estados psíquicos nos quais o espaço e o tempo desapareçam ou tomam outras dimensões, movimentos estes que sempre envolvem um efeito direto sobre o ouvinte. Como aconteceu com o musicólogo Mário de Andrade. Assistindo a uma representação de danças e melodias do Maracatu do Leão Coroado, ele relata que sentiu

> um mal-estar doloroso, a respiração opressa, o sangue batendo na cabeça como um martelo e uma tontura tão forte que vacilei. Senti a respiração faltar e cairia fatalmente se não me retirasse afobado daquele círculo de inferno. (apud Ribas, 1957, p.77)

A característica de *aconceitualidade* da música preocupou sobremaneira Freud na medida em que lhe impedia uma compreensão racional, clara, da ação da música. Ele preferiu voltar suas atenções a outras formas de expressão artística como a pintura e a literatura, pois, não conseguindo entender os processos inconscientes postos em ação pela música, ao que parece ele jamais conseguiu se sentir à vontade diante dela. O próprio Freud informa que as obras de arte exerciam uma poderosa impressão sobre sua pessoa. Levado a considerar a razão de tal fato, procurou compreendê-las, não o conseguindo entretanto em relação à música:

> Das obras de arte, várias têm sobre mim uma impressão forte. Em particular as obras literárias e as obras plásticas ... Fui assim levado em ocasiões favoráveis a contemplar longamente essas obras

para compreendê-las à minha maneira. Quando não posso fazer assim [por exemplo, a música], sou quase incapaz de fruir; uma disposição racionalista ou talvez analítica luta em mim contra a emoção, quando não posso saber porque estou comovido, nem o que é que me pega. (apud MDMagno, 1986, p.10)

Em diferentes momentos de seus escritos Freud se refere à arte, essa dimensão estética humana, de forma ampla e geral, e por vezes ele se volta à música especificamente. Em relação a esta última, parece tê-lo feito de forma passageira, não chegando a desenvolver qualquer teoria a respeito do tema. Diz-se que ele a desprezava (!), sobretudo tendo em conta que se julgava incapaz de fruí-la, pois algo interferia no seu gozo.

Como psicanalista, Freud não costumava se soltar à emoção, preferindo, ao contrário, analisar-lhe a origem e o porquê. Daí que no caso da música ele tenha tentado entender o que *da* e *na* referida arte lhe suscitava emoção. Mas sem o conseguir (o que o deixava frustrado), ele preferiu, ao que parece, deixá-la de lado. Afinal, o grande barato do velho mestre era fazer *psicanálise* em todos os sentidos, o grande barato de Freud era analisar – sempre! – comenta MDMagno (1986).

Entretanto, exatamente por sua iconicidade, por sua *aconceitualidade*, por não possuir referente e por se constituir *qualidade pura*[5] no sentido peirceano do termo, por falar só de si e só se

---

5 *Qualidade pura* (qualidade de sentimento) ou *primeiridade*, constitui a primeira das *Categorias do pensamento e da natureza* formuladas por Peirce. As três categorias, *primeiridade, secundidade, terceiridade*, encontradas no pensamento e descobertas pela análise reflexiva dos fenômenos, estão presentes na natureza de todas as coisas, sejam elas físicas ou psicológicas, diz Peirce. Extraídas da análise rigorosamente lógica do que aparece no mundo, exemplificá-las como manifestações psicológicas significa examinar os modos mais gerais pelos quais se processa a apreensão dos fenômenos na consciência, acrescenta a semioticista Maria Lúcia Santaella (1984). *Qualidade pura* envolve consciência imediata, impressão (sentimento, pura qualidade de ser e de sentir).

mostrar, a música, linguagem com *sentido* e sem *significado*, acaba por "pressionar" o ouvinte à constituição de *significação*. O resultado, psicanaliticamente falando, não é função do que se encontra lá na música, mas "da estrutura em que se está metido. A música é feito a droga, cada um tem dela o efeito que ele mesmo já porta ... Dá um barato incrível e faz o mesmo efeito – só faz o sujeito botar para agir o que ele já tem" (MDMagno, 1986, p.106-7).

Por isso a relação de Freud com a música sempre lhe provocou um certo desconforto, e isso já desde a infância, embora então por outros motivos. Ainda pequeno, sua família, constituída de oito pessoas, foi residir em Viena, numa confortável casa de três quartos e um escritório. Coube a Freud este último. O escritório fora-lhe destinado exclusivamente a fim de garantir-lhe privacidade e dedicação total aos estudos. Mas, apesar de afastado do resto da casa, o som dos estudos de piano de sua irmã chegavam até ele, perturbando-lhe a concentração e aborrecendo-o sobremaneira. O "barulho" o incomodava de tal modo que Freud insistiu para que seus pais levassem o piano embora. Daí, escreve Maria Cristina Kupfer (1989, p.18), uma possível carreira de pianista da irmã acabou sendo interrompida em benefício dos estudos do jovem Freud.

A música tem sentidos plurais, é polissêmica. Entretanto, com o recurso da educação musical pode-se tornar essa pluralidade mais estreita, até mesmo em benefício da *emoção-estética*, emoção-sentimento, emoção aprendida, intelectualizada, ligada ao conhecimento e consequente apreciação da sintaxe relacional da obra musical, de sua construção, sua estrutura, gênero, estilo, forma.

Por outro lado, a *emoção-estética* também advém das relações novas que se percebem na escuta ensejando o gozo do "estranhamento", pois se notas, sons, ruídos e silêncios nada expressam a não ser *relacionalmente* no curso de um discurso, os sentidos que daí emanam são também resultantes da intersecção entre a subjetividade do indivíduo e seu universo significante.

E se a *emoção-estética* de algum modo "iguala" a experiência emocional da arte, a exemplo da percepção do estilo que "iguala a percepção da forma que o acompanha", como lembra Ehrenzweig (p.113), a estrutura singular de sentimentos do receptor absolutamente não se frustra, porquanto a linguagem musical acaba de alguma forma por evocá-la. Assim, jamais se castra a singularidade daquele que escuta. E isso porque, como toda arte, a música se relaciona com experiências humanas. Daí que, expressando a natureza inconsciente deste e de outros mundos, como informa Schoenberg (apud Moraes, 1983, p.47), a vivência de formas musicais, de formas rítmicas, melódicas, harmônicas, tímbricas resulta sempre num movimento *afetivo* correspondente.

Psicologicamente falando, pode-se ainda acrescentar que na linguagem musical, em que a relação significado/significante é puramente estrutural,[6] a construção, leitura e escuta da obra são também alimentadas por emoções e pulsões que escapam ao regime lógico-formal, confirmando o conceito de que apenas a superfície da mente é racional.

Por tudo isso a música tem sido considerada ferramenta valiosa no campo da saúde (musicoterapia). Não o seria também no campo da educação? Afinal, ela não só permite que se conheçam os sentimentos como também propicia o seu desenvolvimento. E isso porque a música "educa" os sentimentos, do mesmo modo que o cálculo matemático e a argumentação "educam" o pensa-

---

6   Não se pode esquecer que o mundo do significado não é só o da linguagem verbal. No caso do signo musical, *embora a música não possua referente*, o seu significado pode também ser visualizado como "a imagem mental que é associada à percepção do signo acústico, imagem esta que está relacionada por oposições e analogias com todos os demais signos musicais, reais e virtuais dentro do nosso sistema cultural, e em particular com os outros do discurso de onde ele é extraído", como lembra o compositor Rodolfo Coelho de Souza no seu livro *Música* (1983, p.12-3). O que absolutamente não entra em contradição com o conceito de que música só fala dela mesma.

mento. Daí o interesse de psicoterapeutas, fonoaudiólogos e musicoterapeutas por essa linguagem.

Além de sua característica *aconceitual*, a música é dotada de uma dimensão *onírica, inconsciente* e *sexual*, o que possibilita acesso ao nosso eu. A dimensão *onírica* se denuncia pela propriedade que essa linguagem tem de favorecer uma experiência na qual fantasia e realidade se encontram intimamente ligadas. Como mecanismos oníricos são a medida da transformação de um texto em outro, essa dimensão se torna mais transparente em linhas composicionais ligadas a pesquisas do inconsciente como o *expressionismo* (Schoenberg), *dadaísmo* (Koellreutter), os *happenings* (John Cage), por exemplo.

Os motivos *oníricos* interessaram particularmente a Jung (1956), que os reputava dotados de um aspecto geral, possibilitador de paralelos com a mitologia, o folclore, os contos de fadas e simbolismos religiosos. Tendo em conta a atemporalidade e ubiquidade do *onirismo*, Jung considerou-o um *padrão arquetípico*, como também chamou de *inconsciente coletivo* à camada do inconsciente da qual, segundo sua teoria, motivos *oníricos* são extraídos.

A dimensão *inconsciente* diz respeito àquela instância que subverte e descentraliza a consciência humana e que, *falando* pelas lacunas do discurso consciente, acaba por revelar o eu ("sou onde não penso, penso onde não sou"[7]). Ora, os fenômenos lacunares estão na origem da expressão do inconsciente e na produção e escuta musicais, à revelia da intenção do sujeito. O que significa dizer que conteúdos *inconscientes* (processos *primários*) alimentam a arte musical. O mesmo ocorre na arte surrealista, na qual certos procedimentos utilizados, como a escrita automática ("automatismo psíquico") e a colagem de diferentes objetos (recortes de jornais, objetos de uso cotidiano, por exemplo), constituem já uma manifestação do inconsciente do artista. Aliás, o movimento

---

7 Esta a subversão do *cogito* cartesiano operada pelo inconsciente.

surrealista adotava a liberação do inconsciente como meta essencial da arte. E essa dimensão também alimenta a música.

Com estas considerações podemos sugerir que a música é marcada pela irracionalidade. Ledo engano. Ela é um discurso orgânico, lúdico, lógico e com sentido. E mesmo a música contemporânea aparentemente oposta à razão em função de uma pseudo alógica e "a-racionalidade", ela apenas transcende a lógica estabelecida e a racionalidade codificada, pois, ainda que imaginariamente paradoxal, há uma ordem oculta garantindo sua legitimidade.

Noção tópica e dinâmica, o *inconsciente* para Freud não é uma segunda consciência. É sim um lugar psíquico especial, um sistema com conteúdos, mecanismos e uma energia específica.[8] Os conteúdos, representantes das pulsões, são regidos pelos mecanismos do processo *primário*, em particular a *condensação* e o *deslocamento;* são investidos de energia pulsional e procuram retornar à consciência e à ação, alimentando nesse movimento, entre outros, o "misterioso" fenômeno da inspiração (que – quantas vezes! – alimenta a criação musical).

É esse *inconsciente* (ISSO) que por vezes *fala* nas lacunas do discurso consciente, subvertendo o seu sentido e ratificando o conceito de que nada é gratuito, tudo é significante.

Outros pesquisadores vêm-se dedicando ao tema. Levantam semelhanças entre música e processos *primários* – na medida em que, a exemplo destes, a música só nos dá o presente –, corroboram o caráter associativo destes processos *primários* e enfatizam que na linguagem como na música a *entonação* muitas vezes determina o "significado".

Assim como o sonho, a música também se vale de mecanismos específicos do processo *primário*, em particular a *condensação*

---

8 A partir de 1920, Freud reformularia sua teoria sobre o aparelho psíquico, introduzindo distinções tópicas que já não coincidem com as de *inconsciente*, *pré-consciente* e *consciente*, pois também agora são reconhecidos no *ego* e *superego*, uma origem e uma parte inconscientes (cf. J. Laplanche & J. B. Pontalis, 1986, p.309).

e o *deslocamento* que, como se sabe, e graças a Lacan, são sistematizáveis em termos de metáfora e metonímia.[9] O *deslocamento* freudiano corresponde à metonímia lacaniana, e a *condensação*, à metáfora. Nada se produz fora da articulação metáfora/metonímia, seja em termos de inconsciente (freudiano, lacaniano), em termos de pensamento (Jakobson) ou de código linguístico e musical.

Essa temática instigante vem absorvendo também a atenção de músicos-pesquisadores como o compositor Rodolfo Coelho de Souza. No livro *Música* (1983), ele discute o fenômeno da *inspiração*, concluindo que ela nada mais é que uma corriqueira manifestação do inconsciente, tal como o sonho e o chiste. Para esse compositor, entretanto, ao contrário do sonho e do chiste, a *inspiração* apresenta uma particularidade: servir a um propósito criativo mais elaborado, auxiliada para tanto por uma estrutura linguística que lhe permite a comunicação com outras pessoas (p.33).

O que se deixa claro é que, de alguma forma, a música envolve "conteúdos inconscientes", que ganham vida por meio da organização de elementos que formam uma estrutura expressiva, articulada sobre a realidade (processo *secundário*). Observa-se assim uma profunda diferença entre linguagem *do inconsciente* e linguagem *inconsciente*. Enquanto a linguagem artística *do inconsciente* é submetida a articulações do filtro consciente, a linguagem *inconsciente* prescinde desse filtro.

Analisando a visão de inconsciente e sua extensão à arte, observa-se quão distante é a posição de Jung em relação à de Freud. Partindo da concepção de inconsciente individual e coletivo, Jung informa que o inconsciente individual caracteriza as camadas mais superficiais do inconsciente cujas fronteiras com o consciente são imprecisas, ao passo que o coletivo envolve camadas mais profundas, correspondendo aos fundamentos estruturais da psique. Dentro de sua hipótese de inconsciente coleti-

---

9 Remete-se o leitor ao livro *Curso e dis-curso musical* (Sekeff, 1996), em que os esquemas de *deslocamento* e *condensação* são tratados em sua aplicação musical.

vo, este é teorizado como substrato psíquico arcaico, comum a todos os homens. Ao contrário do inconsciente individual cujo conteúdo advém de experiências *pessoais*, o coletivo é constituído de conteúdos *impessoais*, patrimônio de toda a humanidade, transmitindo-se por hereditariedade.

Os arquétipos, possibilidades herdadas para se representarem imagens similares, matrizes arcaicas, formas instintivas de imaginar, postulam esse substrato psíquico, essas disposições que, fazendo parte do inconsciente coletivo, procedem da experiência ancestral, emergindo até nos povos mais distantes. É isso que possibilita compreender por que temas idênticos surgem em lugares, épocas, culturas distintas e distantes, alimentando lendas, contos de fadas, mitos, dogmas, arte, filosofia e ritos religiosos.

Segundo a teoria junguiana, as produções artísticas são sustentadas por esses arquétipos, por essas disposições latentes para que se construam representações análogas, similares, que transcendem as diferentes culturas. São os arquétipos que fornecem matéria-prima para a construção de temas que se desenvolvem no teatro, na literatura, nas artes plásticas, na música, e que permeiam disciplinas mais abstratas como a filosofia.

Penetrando e fertilizando o mundo espiritual, de Homero a Borges, de Mozart a Wagner, deparamos então com o tema do paraíso perdido, o tema do dragão, do círculo, do anel que na canção de roda é símbolo do amor e que em Wagner é símbolo do poder (*O Anel do Nibelungo*).[10] Wotan, personagem wagneriano que personifica forças psíquicas e que deseja o anel de ouro que

---

10 A tetralogia wagneriana *O Anel do Nibelungo* é constituída de quatro dramas musicais: *O Ouro do Reno, A Valquíria, Siegfried* e *Crepúsculo dos Deuses*. Em *O Ouro do Reno*, Wotan, o extremamente ambicioso rei dos deuses nórdicos, ávido de poder, consegue, através de astúcias e ardis, o anel feito com o ouro que Alberich, o Nibelungo, rouba das Filhas do Reno que habitam as profundezas do rio. Mas, uma vez de posse do anel, *símbolo de todo o poder*, a maldição de Alberich recai sobre o soberbo Wotan, cuja ambição ocasiona a ruína de sua arrogante raça.

pertence às filhas do Reno, anel que é símbolo do *poder,* corresponde a "uma qualidade fundamental da alma alemã, um fato psíquico de natureza irracional, um ciclone que anula e varre para longe a zona calma onde reina a cultura" (Silveira, 1975, p.23).

A tetralogia do *Anel* tem sido também analisada como uma tentativa wagneriana de estabelecer um discurso alternativo para a sociedade que o excluíra, forçando-o a estabelecer sua própria sociedade em Bayreuth, tanto quanto sua disposição para construir um paralelo entre o desenvolvimento da música sinfônica e o desenvolvimento da sociedade burguesa, competitiva. Essa análise foi efetuada pelo pesquisador palestino Edward Said (1991, p.118).

Sabe-se que a psicologia analítica não opina nunca sobre o valor estético das obras de arte. Ela se limita sim à análise da estrutura da produção artística e aos processos da atividade criadora, ao passo que a psicologia junguiana procura decifrar as imagens simbólicas que tomam forma na produção artística. Assim, na obra de Wagner, Wotan, tomado como personificação de forças psíquicas, constitui uma qualidade, um caráter fundamental da alma alemã, um fator psíquico de natureza irracional, bem como o nacional-socialismo é tomado como "uma irrupção do inconsciente coletivo, um fenômeno patológico que leva Wotan, deus pagão dos germânicos, a tomar posse da alma do povo alemão" (Silveira, 1975, p.23).

Fundamentado em sua teoria dos *arquétipos,* Jung concebe o artista como um homem coletivo, que exprime a alma inconsciente e ativa da humanidade e que, no processo de criação musical, dá forma e expressa, na linguagem de seu tempo, intuições primordiais, tornando acessíveis a todos as fontes profundas da vida (ibidem).

E é assim que a obra *Guernica*, de Pablo Picasso, feita imediatamente após ele ter tomado conhecimento do bombardeamento da cidade de Guernica por aviões alemães a serviço de Franco, é também analisada como expressão de símbolos do inconsciente, símbolos que falam de imagens e atmosferas universais.

Não obstante, a arte é autonomia, e assim, a despeito das imagens simbólicas que possam estar ali presentes, e a despeito do receptor "ecoar" sentimentos que ali se "movem", os conflitos do artista não são decisivos para o *conhecimento* e a fruição do prazer estético de sua obra.

A dimensão *sexual* também está presente no universo da música, pois o indivíduo é um todo que pensa, sente e age simultaneamente, e a experiência musical, uma atividade que compromete e envolve o seu todo. Essa dimensão é entendida aqui como *libido*, energia concebida por Freud como "substrato das transformações da pulsão sexual: quanto ao objeto (deslocamento dos investimentos), quanto ao alvo (sublimação) e quanto à fonte da excitação sexual (diversidade das zonas erógenas)" (Laplanche & Pontalis, 1986, p.343). Jung alargaria a noção de libido, designando-a como energia psíquica em geral, presente em toda a *tendência para...!*

Indução

> A música provoca em nossa mente imagens cinestésicas que parecem reais. Ouvindo música podemos experimentar a sensação de estar executando movimentos.

A música também apresenta uma outra característica psicológica, a *indução*. Ela é indutora da atividades motora, afetiva e intelectual em razão de seus elementos constitutivos – ritmo, melodia, harmonia, timbre –, de seus parâmetros formadores – duração, altura, intensidade, densidade, textura – e de seus movimentos sintáticos e relacionais, todos com poder de *co-mover* o receptor que, na escuta, acaba por responder afetiva, intelectual e corporalmente a esses elementos de "comunicação"[11] postos em jogo por ela, música.

Mesmo porque toda organização dotada de sensibilidade leva o receptor a sentir, não porque ele o queira, mas forçosamente. A cada inflexão expressiva do discurso musical corresponde uma sensibilização ativa, afetiva, intelectiva. É essa força indutora que, bem orientada, contribui para a direção e o rumo do indivíduo e da coletividade. Por isso Thomas Mann, em *A montanha mágica* (1952), leva o personagem Settembrini a desconfiar da música como de um artigo politicamente suspeito. Para melhor entendimento, adentremos nos elementos constitutivos da música, ritmo, melodia, harmonia, timbre:

Ritmo

Palavra de origem grega, cuja raiz, *rheo*, significa fluir. Entendido como movimento ordenado, o ritmo está presente em todo tipo de vida – biológica, fisiológica, psicológica, estética, criadora –, e como elemento pré-musical pode existir independentemente de qualquer realização auditiva. Quem fala em ritmo musical fala em "ordem no movimento", cuja natureza é tanto fisiológica quanto psicológica, por sua dupla condição de *duração* e *intensidade*. Pela *duração* o ritmo penetra em nossa vida fisiológica e pela *intensidade*, em nossa vida psicológica.

---

[11] Usa-se aqui a expressão "comunicação", mas em realidade a música não comunica. Comunicação diz respeito à transmissão de ideias e significados conceituais, com a menor ambiguidade possível, e esse não é o terreno da música, linguagem de função poética. Ao contrário da comunicação, que tem a ver com construção e transmissão de significados discursivos, conceituais, racionais, a música tão somente *expressa*, por meio de formas sonoras, movimentos análogos aos nossos sentimentos. Portanto, como a ambiguidade é inerente à *expressão*, a música solicita um esforço interpretativo de quem a percebe.

Daí que o ritmo "mexe" fisiológica e psicologicamente com o indivíduo, até mesmo no tálamo,[12] induzindo esquemas de movimento e mobilizando formas de comportamento. Por isso o seu uso no desenvolvimento e recuperação de deficientes motores normalmente se cobre de êxito.

Muitos indivíduos asseguram que é exatamente o ritmo da música que responde como "ponto de entrada" de suas experiências musicais. Tratando do assunto, Howard Gardner (1994, p.82) lembra que Aleksandr Scriabin costumava enfatizar a importância do ritmo musical, "traduzindo suas obras em séries rítmicas de formas coloridas", ao passo que Stravinski valorizava a dança (que é ritmo visível!) na interpretação de suas músicas.

O ritmo é antes de tudo ação, fazendo parte do que o musicoterapeuta Edgar Willems (1979) chama de consciência motriz, dinâmica, vegetativa. Estruturando-se como forma, forma *no* movimento, forma *com* o movimento, o ritmo e seu elemento disciplinador, o pulso, são um recurso pelo qual o indivíduo aprende a viver o tempo que passa, um tempo que é percebido, aceito, dominado e experienciado em cada nova escuta musical.

Justifica-se desse modo o interesse do educador musical Emile Jacques-Dalcroze (1865-1950) pelo ritmo e pela própria música. Tendo a música como recurso de crescimento, Dalcroze pregava que ela devia ocupar lugar importante na educação em geral, pois responde aos desejos mais diversos do indivíduo. Para ele, o estudo da música é o estudo do próprio homem. E mais, ele dizia que o organismo humano é suscetível de ser educado eficazmente conforme a ordem e o impulso da música, pois ritmo musical e ritmo corporal são o resultado de movimentos suces-

---

12 Situado na região central do cérebro, o tálamo é estrutura que participa da recepção e integração de informações nervosas. Sensações e emoções chegam aí, permanecendo num plano não consciente. Assim, mediante um ritmo musical pode-se condicionar uma resposta inconsciente automática em nível subcortical, em nível de tálamo propriamente dito.

sivos, ordenados, modificados e estilizados, formando uma verdadeira identidade (Benenzon, 1971, p.36).

Em realidade, a música rítmica dá ao educando o sentido e a emoção do movimento, ampliando sua concepção de mundo. Essa sensação provavelmente precede a possibilidade de realização (do movimento), tendo em conta que, do ponto de vista embriológico, o sistema motor é o primeiro a se desenvolver, antes de qualquer sistema sensorial. As primeiras sensações fetais são de movimentos gravitacionais, precedendo o movimento propriamente dito. Esse conhecimento, aliás, é bastante explorado pelos musicoterapeutas em seus trabalhos com necessidades motoras especiais.

O caso relatado, na literatura musicoterápica, de um adolescente com paralisia cerebral que, impossibilitado de participar dos desfiles organizados por sua escola, era no entanto capaz de tocar tambor, na banda, marcando o ritmo para que seus colegas marchassem, comprova a possibilidade de substituição psicológica do movimento mediante a música que precederá a realização do mesmo.

Neste caso, entre outros objetivos, destaca-se a emoção da ação que o ritmo provoca, ensejando disciplina, beneficiando o ouvido, o sistema muscular e o sistema nervoso. Beneficia o ouvido na medida em que estimula suas possibilidades receptivas; o sistema muscular, porque atua dentro de tempo e duração determinados, induzindo os músculos a responder dentro de ordem e duração estabelecidas; e o sistema nervoso, já que possibilita ao educando desenvolver mecanismos de comportamento no tempo e espaço.

Melodia

Elemento central em determinadas culturas, melodia é a sucessão temporal de sons e silêncios, com sentido e direcionalidade.

Ela é fundada, no caso da música tonal do Ocidente, em uma estrutura acordal presente e/ou subentendida, e na dominância quase autoritária de tríades consonantais (tônica, subdominante e dominante). Psicologicamente falando, tomada como "canção de dentro", a melodia é sempre vinculada a tendências e inclinações, à consciência afetiva, à propriedade de se transformar impressões em expressões e a um determinado contexto cultural.

Tendo o ritmo como denominador comum, os fundamentos teóricos da melodia envolvem os campos da física, da acústica, da psicologia, da lógica, do ouvido e da sensibilidade. Sua natureza é tanto *física* (sensorial) quanto *psicológica* (afetiva): *física* porque as relações sonoras, base material da melodia, induzem prazer e/ou desprazer, ou seja, falam à sensibilidade, facultando ao receptor "ressoar" os referidos estímulos; e natureza *psicológica* porque as relações sonoras, dotadas de sentido, induzem movimentos afetivos correspondentes, nos quais os elementos duração e intensidade acabam por se tornar vitais na ação do poder emocional da melodia, colaborando na aproximação do homem consigo mesmo.

Lembremos, por outro lado, que é na intensidade que reside o próprio espírito da melodia, assim como é na cor que reside o próprio espírito da imagem pictórica. Infere-se então que, se por um lado a melodia é menos dinamogênica que o ritmo, por outro ela tem a faculdade de aproximar o indivíduo de si mesmo, *co-movendo* e estimulando sua dimensão interior.

A melodia *induz* respostas privilegiadamente afetivas. Apoiando-se no acento, ela explora um jogo agógico/dinâmico que, indo do *pianíssimo* ao *fortíssimo* e do *lento* ao *prestíssimo* (e vice-versa), numa infinita gama de variações, compromete as emoções do receptor e estimula a liberação do substrato de sua psique mais ligado à esfera afetivo-instintiva, como se observa por exemplo na experiência da música de massas e da música de guerras. Por isso Eça de Queiroz (apud Ribas, 1957) já dizia que os hinos é que fazem as revoluções.[13]

A melodia fala diretamente à fisionomia afetiva do indivíduo. E assim como temos um ritmo próprio, resultado de trocas químicas e metabólicas, também temos uma fisionomia afetiva própria, fisionomia permanente, ou pelo menos de certo modo duradoura, e estreitamente relacionada com a totalidade de nossos interesses e preferências. Ela representa a fisionomia sentimental característica de cada indivíduo, estrutura particular de suas respostas emocionais, é radicada em suas tendências e é assentada num repertório sociocultural, pois o homem é fruto de uma cultura.

Harmonia[14]

Produto da cultura ocidental, a harmonia, combinação acordal de sons, combinação de frequências dentro de determinados princípios, procede da articulação intelectual do homem e resulta na articulação intelectual da própria música. Som, ritmo, melodia se completam com a harmonia, sustentada esta no acorde, uma das concepções mais originais do homem ocidental, com seu tríplice poder: *sensorial, afetivo* e *mental*.

a) *sensorial:* o acorde, fundamento da harmonia pelo qual a música do Ocidente se distingue de todas as outras, é uma simultaneidade de três ou mais sons que guardam entre si determinadas relações intervalares. Como tal é um fenômeno fisiológico,

---

[13] A Revolução Francesa, por exemplo, ainda que tenha nascido intelectualmente da filosofia de Rousseau e Voltaire, foi levada avante pelo impulso afetivo da *Marselhesa*.

[14] Para maior conhecimento dos elementos constitutivos da música, sugere-se o livro *Curso e dis-curso do sistema musical* (Sekeff, 1996).

sensorial, que se torna realidade no ouvido interno, graças ao sistema nervoso;

b) *afetivo*: o acorde é uma simultaneidade de relações sonoras, intervalares, relações de consonância e dissonância, tensão e relaxamento, que induz à sensibilidade afetiva;

c) *mental*: o acorde é uma função tonal (tônica, subdominante, dominante) acessível apenas à consciência, capaz de análise e síntese, que induz uma experiência humana e psicológica única.

A harmonia corresponde, de um lado, à natureza intelectual da música (no caso, tonal), garantindo o procedimento do tema, canto, contracanto, ligações harmônicas, melódicas, rítmicas, fraseológicas, sustentando o desenvolvimento, a forma, enfim, o discurso musical; e, de outro lado, corresponde à natureza intelectual do indivíduo, envolvendo aprendizagem, lógica, juízo, raciocínio, análise, síntese, abstração, percepção, memória, ou seja, pondo em jogo suas funções psíquicas superiores.

Timbre

Qualidade característica de um som, timbre é cor, cor musical, propriedade que possibilita a distinção entre sons da mesma altura emitidos por instrumentos diferentes. Ligado aos harmônicos (sons parciais que acompanham um som gerador ou fundamental), o timbre é, tanto quanto a altura e a intensidade, parte inerente do som como substância acústica, favorecendo "respostas talâmicas" nos homens e nos animais.[15]

Tendo essas considerações em pauta pode-se dizer que, em termos psicológicos, o ritmo musical corresponde ao *gesto*, a melodia é a *palavra*, os temas são os *personagens* e a harmonia é o *campo* de ação, espaço no qual se desenrola a trama musical. E

---

15 Respostas talâmicas são aquelas sensações que não necessitam de interpretação pelas funções superiores do cérebro.

enquanto a vivência ativa (ritmo) e a afetiva (melodia) dizem respeito particularmente ao sistema subcortical, a vivência intelectual remete ao sistema cortical. Daí dizer que o ritmo – e quem sabe a melodia! – pertence aos homens e aos animais, ao passo que a harmonia diz respeito exclusivamente ao ser humano.

Refletindo a ação dos parâmetros musicais infere-se que enquanto o ritmo possibilita ao indivíduo tomar consciência de seu corpo, enquanto a melodia enseja estados afetivos, a harmonia favorece sobretudo atividades intelectuais. Mas, como somos um todo – um todo que pensa, sente e age simultaneamente –, atividade, afetividade e intelectualidade estão sempre presentes no exercício da música, predominando, em diferentes momentos, a ação de um desses parâmetros.

Desse modo, a música harmônica não é só acorde, mas também ritmo, ritmo harmônico e cadencial; é sucessão de funções tonais, é tempo, fraseado, melodia, timbre, sintaxe, construção formal, arquitetural, tudo induzindo respostas de caráter ativo, afetivo e intelectual. E embora o gostar ou não gostar de determinada obra pareça manifestar uma opinião livre, pessoal, independente, ela não é absolutamente tão livre assim. Além do condicionamento primário à equação pessoal, a reação à escuta significa também uma "reação do complexo de elementos culturais que estão dentro de nós, diante do complexo cultural que está fora de nós, isto é, a obra de arte" (Coli, 1984, p.117).

É dentro desse contexto que a música tem acesso direto ao nosso eu, rompendo barreiras e bloqueios, estimulando a afetividade, relaxando censuras e possibilitando descargas de energia, seja em forma de movimento, seja em forma de associações mnemônicas (Ribas, 1957). Por essa razão a psicologia entende a linguagem musical como um recurso (aparentemente inocente) de expressão do eu, aproximando o homem de si mesmo.

E se a psicologia analítica, como se sabe, não pretende nunca opinar sobre o valor estético da obra de arte, tenciona, sim, decifrar as imagens simbólicas que aí tomam forma, trazendo luz sobre as significações que encerram. Também reclama investigar a subentendida articulação *inconsciente – realidade*, uma vez que a arte (a música) representa uma ponte entre a realidade e essa parte oculta da mente, o *inconsciente*, considerada de forma consciente um campo de conhecimento.

Como de algum modo a audição musical revela aquele que escuta, pois música não é só o discurso musical mas o discurso dentro de nós, a música vem sendo usada hoje, cientificamente, em benefício do indivíduo. Como acontece no campo da saúde mental em que se faz uso, entre outros, do conhecido teste de Gabrielle Boissier, teste projetivo sonoro com a mesma proposta do teste de Roscharch, ou seja, como instrumento de "conhecimento" do sujeito (Boissier, 1968).

Para tanto, Gabrielle Boissier parte da ideia de que todos são dotados de uma percepção auditiva pessoal dos sons, e que problemas psíquicos e transtornos de personalidade podem alterá-la, o que pode ser revelado na escuta musical, favorecendo um primeiro diagnóstico diferencial entre pessoas consideradas normais e aquelas que apresentam uma estrutura neurótica ou psicótica.

O teste consiste na audição de um registro feito em fita magnética, de 28 sons figurativos, sons planejadamente escolhidos e catalogados em três séries. A primeira compreende treze sons da vida cotidiana, sons familiares a pessoas de uma mesma cultura, que são assim capazes de reconhecê-los: sons de despertador, latidos, sinos de igreja, trem em movimento; a segunda série abrange oito sons dos quais sete são emitidos pela voz humana, conferindo à referida série um valor mais afetivo: choro de criança, respiração, riso de mulher, fragmentos de uma ária de Bach; e a terceira compreende sete sons de caráter ambíguo, sem "significado" comum às pessoas de determinada cultura: ritmos superpostos, ruídos regulares de tímpano e conjunto de ruídos em intervalos de oitava, por exemplo.

Depois de ouvir a fita, o receptor é estimulado a descrever o que os sons lhe sugeriram, e o psicólogo, a quem cabe o diagnóstico, procede à análise de todo esse trabalho, confrontando respostas e reações com critérios estabelecidos *a priori*. Enfim, o que o teste propõe é o diagnóstico diferencial entre indivíduos aparentemente adaptados e indivíduos neuróticos e/ou psicóticos.

Não podemos fechar este capítulo sem lembrar que os musicoterapeutas têm-se valido da força das características psicológicas da música para vincular essa linguagem, de um lado às ciências da conduta (antropologia, sociologia, psicologia), e de outro para estimular formas saudáveis de comportamento (socialização e recuperação). Cabe também lembrar que as teorias psicológicas dos anos 1980 e 1990 estabeleceram uma revisão da abordagem e da conceituação das faculdades cognitivas – inteligência, aprendizagem, conhecimento e emoção –, que acabaram por se beneficiar da prática da vivência musical.

E se a "velha" psicologia da inteligência, por exemplo, já tinha consciência da importância da emoção no desenvolvimento cognitivo da criança e do adulto, hoje modernas pesquisas confirmam que processos de ideação estão fundamentalmente ligados aos sentimentos que, por sua vez, são estimulados pelo exercício da música; essa ideia, aliás, não é tão nova assim, uma vez que Freud já considerava a afetividade uma interface dos processos racionais.

3
Emoção musical

> As condutas emocionais podem constituir meios de expressão cujo significado é provavelmente mais global do que a linguagem comum permitiria.
>
> (*Maurice Reuchlin*)

> As emoções são por vezes tão fortes que trabalho sem ter consciência de estar trabalhando ... as pinceladas acodem com uma sequência e coerência idênticas à das palavras numa fala ou numa carta.
>
> (*Vincent Van Gogh*)

Considerando que o *sentimento* e o *símbolo* (o sentir *e o* pensar) são as duas dimensões básicas do conhecimento humano – o *sentimento*, primeira maneira de se conhecer o mundo, e o *símbolo* seu modo de representação –, pode-se entender o movimento dialético que se processa no âmbito dessas dimensões. Como informa o psicólogo Duarte Jr. (1986), vivências são pensadas e refletidas com o recurso de sistemas simbólicos, entre os quais se destaca a linguagem, tendo em conta que ao longo do seu processo de maturação e aquisição, caminhamos para o desenvolvimento de uma percepção que parte do global e chega ao analítico, sem contudo excluir o global.

Qual o propósito desta reflexão? A temática deste capítulo: *emoção musical*. No livro *Teoria e prática da educação artística* (1975), a professora Ana Mae Tavares Barbosa conceitua *arte* como uma forma de se organizarem experiências. Nessa organização, acrescentamos, a técnica é o agente realizador e a emoção é o agente propulsor da atividade artística, o que significa dizer que o fazer artístico, o fazer musical, *é sempre* animado pela afetividade.

Na verdade, no exercício da música existe habitualmente uma tonalidade difusa de sentimento, seja no caso do compositor, do intérprete e/ou do ouvinte – tonalidade que se espraia por todo o seu eu, caracterizando-se a *emoção* como o ponto final de um comportamento *motivado*, que pode ser atingido ou frustrado. É desse modo que a emoção se caracteriza como um tipo de comportamento, uma experiência e um motivo.

Se ao longo dos tempos o estudo das emoções vem ocupando a atenção de psicólogos e teóricos, as condições históricas para o aparecimento da psicologia como ciência só surgiriam a partir da segunda metade do século XIX, como resultado do desenvolvimento científico e tecnológico que então se processava aliado à predominância dos valores burgueses. Se os projetos que procuravam compreender a psique encontraram-se de início ligados ao positivismo, a partir de então a psicologia se desenvolve construindo várias teorias divergentes e traçando um conjunto de abordagens e técnicas que se destinavam a compreender o indivíduo e seu comportamento.

Para tanto, esta ciência manteria um diálogo pontual com a biologia, medicina, sociologia e filosofia, ao passo que as artes em geral, e a música em particular, mereceriam sua atenção em razão de representarem, tanto quanto hoje, *uma forma de comportamento*.

No âmbito do desenvolvimento do indivíduo a psicologia contemporânea enfatiza não só influências ambientais, sociais e culturais, mas também o impacto do processo genético nesse processo. Explora a controvérsia entre natureza e educação e enfatiza aspectos do determinismo biológico.

Psicólogos do comportamento – a exemplo de Konrad Lorenz[1] (1903-1989), para quem "nada é inteiramente inato, pois embora o programa genético do comportamento seja fixo ele precisa do meio para ser realizado" (apud Evans, 1976, p.34); de Nikolaas Tinbergen[2] (1907-1988), para quem o conceito de programação do comportamento é em parte natural e em parte aprendido, pois, segundo ele, o ser humano é programado geneticamente com menos precisão que qualquer animal, ficando assim muito sujeito à interação com o meio; e de Jean Piaget (1896-1980), com sua creditada pesquisa no campo da epistemologia genética (1983),[3] seu interesse pela psicologia infantil e pela educação – corroboram a importância da determinação genética e não só da influência do ambiente no processo de desenvolvimento do indivíduo.

Ora, falar de *emoção musical* é incursionar, ainda que perifericamente, nesse terreno; é incursionar pelo campo da psicologia-fisiológica, da genética, da cognição, da psicanálise, observando-se que se no início as preocupações dos pesquisadores se voltavam para os determinantes fisiológicos específicos dos estados motivacionais e emocionais, emergiria depois uma forte preocupação com a *interação* dos componentes fisiológicos *e* psicológicos

---

1 Lorenz desenvolveu uma teoria em torno dos aspectos inatos e adquiridos do comportamento. Para ele o homem é uma criatura da cultura e há programas inatos como base do comportamento social, o que não significa que não haja uma superestrutura culturalmente determinada sobre este (Lorenz apud Evans, 1975, p.37).

2 Tinbergen era muito interessado na comunicação não verbal e em sua aplicação no tratamento de crianças autistas. Se ele não se reportou exatamente à música, não podemos nos esquecer de que a linguagem musical é também uma forma de comunicação não verbal. Questões levantadas por ele em relação à metodologia adotada por Lorenz em suas pesquisas estimularam os psicólogos à exploração dos efeitos da programação genética no comportamento.

3 Piaget defende a existência de uma *progressão de estruturas cognitivas* no educando, estruturas que precedem a linguagem e cuja construção e desenvolvimento resultam da interação com o meio.

envolvidos nesse processo, com contribuições relevantes à teoria da educação.

Muitos desses estudiosos voltariam suas preocupações para o comportamento, para a motivação, para a necessidade de realização implícita no ser humano como David McClelland (1951) e sua "motivação para a realização"; o mesmo se observa em Donald Norman (apud Evans, 1976, p.126) com seu trabalho sobre a ação dos computadores na percepção sensorial e a simulação da memória semântica e cognição humanas. Outros, como David Krech[4] (apud Evans, 1976, p.173), estudariam as bases fisiológicas do comportamento, a química cerebral e a função do cérebro no comportamento. De suas pesquisas, Krech concluiria que o objetivo do psicólogo-fisiologista é investigar as relações entre os fatos bioquímicos, como os acontecimentos neurológicos e endocrinológicos (hormonais) que acontecem no corpo, e o comportamento do indivíduo.

> Você pode formular uma porção de perguntas na área da psicologia-fisiológica: como o cérebro está envolvido na memória? que parte do cérebro, se é que há uma parte, tem a ver com o pensamento criativo? qual o substrato fisiológico da emoção, do amor, da fome, da sede, da aspiração ao poder ...? E outra coisa, minha posição é que se um fenômeno fisiológico contradiz um fenômeno psicológico observado, dê-se preferência ao fenômeno psicológico, porque nós podemos estar mais certos daquilo que observamos comportamentalmente do que daquilo que observamos fisiologicamente. (Krech apud Evans, 1976, p.173)

Arthur Jensen (1969), por outro lado, mergulharia no estudo da inteligência, seus determinantes, os métodos mais acessíveis para medi-la, acreditando, tal como Piaget, que a inteligência *é* o ato de inventar, portanto sempre um ato original; Neal Miller

---

4 Interessado pelos aspectos fisiológicos do comportamento, Krech trabalhou no seu projeto com a perspectiva de que "a fisiologia poderia se expandir até abranger a psicologia".

(Miller & Dollard, 1973) trabalharia a estimulação cerebral e as possibilidades de modificação e controle de respostas autônomas, utilizando para tanto a técnica do *biofeedback*. Suas pesquisas enfatizam a inter-relação entre fisiologia, bioquímica, farmacologia, assegurando papel relevante à *emoção*, que abarca do relaxamento à excitação motora; James McConnel (1966) pesquisaria as propriedades de armazenagem da memória, chegando à instigante hipótese de que o armazenamento da informação é um evento bioquimicamente transferível (lembremo-nos de que ouvido é *memória* do som e ritmo é *memória do tempo*); C. G. Jung (1981), por sua vez, voltar-se-ia à pesquisa dos conceitos de introversão e extroversão, exploraria o teste de associação de palavras, o inconsciente coletivo e a noção de arquétipos.

Para todos estes cientistas, somente a psicologia-fisiológica explica os mecanismos íntimos da fisiologia das funções cerebrais superiores e o comportamento humano emocional, que passa a ser entendido em sólidas bases bioquímicas, psicofisiológicas e funcionais. E como todos eles defendem, a questão não implica reduzir a psicologia a fim de que a fisiologia possa explicá-la, mas sim em expandir a fisiologia para que ela possa abranger a psicologia.

Essa breve explanação constitui uma pequena amostragem do trabalho dos psicólogos do comportamento. E sem que se deixe de citar o próprio Freud (1978), para quem a psicanálise, da qual foi fundador, tem como objeto precípuo o homem e os grandes problemas da civilização, aos quais ele se dedicou a partir da década de 1920.

Emoção musical

> Emoção é um modo de existência da consciência, uma das formas pela qual ela compreende o seu *"ser-no-mundo"*.
> (*Jean-Paul Sartre*)

Considerando o exercício da música uma forma de comportamento que envolve interpretação e representação, o conhecimento das conquistas empreendidas pela psicologia-fisiológica amplia a repercussão da vivência musical no campo da educação. Particularmente se atentarmos para o fato de que os objetivos da *música na educação* são a concretização dos sentimentos em um símbolo e o levantamento, a exploração e o *uso* de *recursos* musicais aplicados ao desenvolvimento global do educando. Esses objetivos, por sua vez, são fundados em pesquisas de pedagogos, educadores musicais e musicoterapeutas como Emile-Jacques Dalcroze, Edgar Willems, Juliette Alvin, Roland Benenzon, Antonio Yepes, Murray Schafer, Hans-Joachim Koellreutter, Maurice Martenot, Violeta de Gainza e Emma Garmendia, entre outros.

Nesse contexto observa-se que, enquanto no passado a preocupação se voltava para os determinantes fisiológicos específicos dos estados emocionais, agora o que suscita interesse é a comprovada interação entre os componentes fisiológicos e psicológicos envolvidos na vivência musical. E a conclusão a que chegamos é que o educador deve levar o jovem a se entusiasmar pela música, sobretudo pela música de código culto, atento ao que afirmava Konrad Lorenz, que não se pode ensinar uma pessoa *a não ser entusiasta*, mas pode-se *ensiná-la a escolher o objeto do seu entusiasmo* (Evans, 1975, p.27), pode-se ensiná-la a respeito do que se entusiasmar. Ainda mais se considerarmos que a equação pessoal é sempre sustentada em denominadores hereditários, constitucionais, culturais e também químico-hormonais, como asseguram as pesquisas de David Krech.

Infere-se desse modo que a *emoção musical* pode desempenhar – sim! – um papel de ampla relevância no processo educacional. Isso em razão de que, tendo origem em uma excitação nervosa, excitação *fisiológica* (vibrações sonoras) e/ou *psicológica* (relações sonoras), a *emoção musical* afeta a química do cérebro e mexe com nossa dimensão afetiva, propiciando de algum modo respostas comportamentais. Afinal, a natureza da emoção e, consequentemente, da *emoção musical* é bioquímica, psicofisiológica e funcional.

Se para Freud (1978) o ser humano é basicamente dirigido por forças poderosas cuja gênese é inconsciente, e se o termo *afeto*, que a psicanálise retirou da nomenclatura psicológica alemã para se referir a qualquer sentimento ou emoção, é "expressão qualitativa da quantidade de energia pulsional e de suas variações" (cf. Laplanche & Pontalis, 1986, p.34), para Jung a emoção constitui a principal fonte de consciência, força que acompanha todas as mudanças psíquicas e que é subjacente no processo de individuação. É também, como conceitua a Gestalt, manifestação que provê energia a toda ação; manifestação de uma excitação básica, modo de expressar escolhas e de satisfazer necessidades.

Regulada pelo princípio do isomorfismo, a *emoção*, segundo a psicologia-fisiológica, é um fenômeno tanto orgânico quanto psíquico, e toda organização psíquica pressupõe uma organização fisiológica de idêntica estrutura, assim como toda organização fisiológica pressupõe uma organização psíquica de idêntica estrutura. Conforme sua intensidade, ora o aspecto psicológico, ora o orgânico parece preponderar. Mas os dois colaboram no quadro da emoção.

Como as emoções em geral, a *emoção musical* procede de uma dinâmica de forças, como no campo da física, e a conduta do homem tomado pela emoção se caracteriza como um fenômeno tanto orgânico quanto psíquico. O resultado é uma forma de comportamento, e, como tal, *pessoal*. Envolvendo um conteúdo ativo (motor), intelectual (mental), afetivo (psicológico) e tributário dos sistemas de percepção (auditivo, sistema de percepção interna, sistema tátil, visual), tanto quanto da relação do sistema nervoso com o endócrino, o conteúdo ativo se traduz, na emoção musical, numa reação ao objeto apresentado ou representado (formas sonoras em movimento); o conteúdo intelectual diz respeito ao conhecimento, objeto da emoção, e o afetivo remete à emoção propriamente dita, exprimindo na acepção ampla desse termo os valores que a situação vivenciada significa para o sujeito, pois obras musicais são expressivas do sentimento humano, como lembra Susan Langer (1980).

Durante muito tempo aceitou-se a classificação dos fenômenos afetivos em emoção, sentimento e paixão. Mas tudo é *estado emocional*, diferindo apenas em grau, intensidade e período de perseveração. Ligada aos instintos, a emoção é entendida como *estado emocional* de grande intensidade e pouca duração. O sentimento, ligado às tendências, é *estado emocional* pacífico, contínuo e duradouro e se caracteriza por aderências intelectuais. Distingue-se das emoções na perseveração, na intensidade, no maior número de elementos intelectuais envolvidos, na organização – que é mais forte –, na lógica e na elaboração mais consciente. Já a paixão, ligada às inclinações, é *estado emocional* de grande intensidade e maior duração que a emoção, estado absorvente e monoideico. É uma inclinação que persiste e domina toda a atividade mental.

Os *estados emocionais* são diretamente vinculados à constituição e ao modo de ser do indivíduo. Todos apresentam um "ritmo afetivo próprio", uma fisionomia afetiva geral que empresta certa tonalidade característica à sua vida psíquica. Quem não conhece, por exemplo, pessoas de *temperamento emotivo*, prontamente suscetíveis às emoções, à cólera, à ira? No campo da música, a figura de Beethoven representa bem o *tipo emotivo*. Ao mesmo tempo, existem pessoas ternas, sensíveis, amorosas, dispostas a experienciar sentimentos. São os chamados *tipos sentimentais*, como Schubert e Chopin. Também existem pessoas dispostas a paixões e fanatismos, os conhecidos *tipos passionais*, como Wagner.

Embora tributária da constituição, a *emoção* também sofre influência da cultura, que acaba por desempenhar relevante papel na citada fisionomia afetiva. Mesmo porque o homem é um animal social e o grupo é o aspecto mais importante do seu ambiente, como demonstrou o psicanalista Neal Miller. Abordando a questão da aprendizagem *versus* programação genética (e que envolve emoção), Miller dedicou suas pesquisas à motivação, ao comportamento, à estimulação cerebral e à possibilidade de controlar e modificar respostas autônomas.

Neste momento cabe recortar a emoção em três grandes categorias: a chamada emoção *individual*, a *coletiva* e a *objetal*. A emoção *individual* é altamente "ressoadora", possibilitando ao indivíduo sentir-se mais intensamente (como acontece na experiência da música); a emoção *coletiva* cresce e até mesmo "nasce" por contágio psíquico, como pode ser observado no canto em conjunto, na música de massas, nos festivais de rock. Ela se transmite, mobiliza e vivifica o grupo, até mesmo por contágio psíquico, e de tal modo que já no século VI a.C. Platão dizia: "se me fosse possível escolher as canções e melodias de um povo eu não me preocuparia tanto com seus legisladores". Já a emoção *objetal* resulta da captação de expressões emocionais de outros ou mesmo de situações objetivas: quadro "triste", tarde "nostálgica", tela "vibrante", música "alegre". Essa categoria de emoção se transmite, no sentido em que tem a *possibilidade* de ser captada: é como um telefone que toca, e que posso ou não ouvir.

A *emoção* musical, como a emoção em geral, principia por uma excitação nervosa, manifestando um esquema de reações que ocorrem nos tecidos nervosos e que são a fonte física da emoção. Como nossos nervos podem se excitar pela ação de fenômenos físicos e psíquicos, a emoção musical promove respostas tanto fisiológicas quanto psicológicas. O som, fenômeno físico/acústico, *matéria* da música, afeta o sistema nervoso autônomo, base da reação emocional, e as respostas fisiológicas que suscita são diretamente ligadas às *vibrações sonoras*, ao passo que as reações psicológicas são diretamente ligadas às *relações sonoras*, facultando associação, evocação e integração de experiências.

A *emoção musical* é alimentada pela sensibilidade e favorecida pela aprendizagem e cultura como no caso da *emoção-estética*.

Gombrich (1995), conhecido historiador de arte,[5] demonstrou no caso da *emoção-estética* que o processo de conhecimento e codificação das informações obtidas, seja pela natureza, a cultura ou as artes, está subordinado a esquemas instituídos culturalmente e transmitidos pela aprendizagem. Os psicólogos chamam esses esquemas, aos quais reduzimos nossas experiências, de "contextos mentais", e são eles que servem de guia para nossas expectativas de entendimento e compreensão do mundo à volta.

Desse modo não existe o "olho ingênuo", tanto quanto não existe o "ouvido ingênuo" ou ainda aquele proposto mecanismo de percepção virgem de informações dirigidas, totalmente livre da influência do repertório cultural, capaz de apreender a realidade em sua essência. Não obstante, é possível entender os esquemas mentais de cada época tanto quanto os padrões que sustentam as múltiplas práticas artísticas, residindo aqui uma das funções da aprendizagem que nutre a *emoção-estética*.

Como toda atividade artística e como fenômeno estético, a música envolve expressão emocional. Desenvolvida dentro de normas técnicas aprendidas, essa atividade envolve a inteligência, faculdade que intervém no processo impondo ordem e lógica à construção e recepção musicais. Daí que a criação e escuta da música constituem a interferência, no fenômeno musical, do juízo crítico, da lógica, da consciência, do conhecimento, do raciocínio.

Se a preocupação com a técnica é inseparável do artista (Dalcroze, 1925), o verdadeiro músico transforma inconscientemente tudo quanto acontece em manifestação de natureza sonora. Ele compõe obedecendo a um impulso inato, mas necessita sempre do conhecimento técnico para "enformar" a emoção numa construção artística.

---

[5] Ernst Hans Gombrich, historiador de arte, britânico de origem austríaca, em sua obra *Arte e ilusão: um estudo da psicologia da representação pictórica* (1995), analisa aspectos técnicos da criação artística, demonstrando a importância da psicologia da percepção no comportamento do espectador.

Por outro lado, se o ouvinte não carece necessariamente de uma iniciação para desfrutar da música, já que a ambiguidade de que esta se reveste instiga e estimula inúmeros modos de apreensão de seus sentidos, certamente ele se beneficiará de sua aprendizagem. Só assim será possível desfrutá-la plenamente, pois a música, em particular a chamada música *clássica* (de código culto), expõe-nos ao gozo da *emoção-estética*, que se nutre de uma dimensão intelectual e da familiaridade com um determinado código músico-cultural.

O desvelamento do modo de construção da obra musical, o *(re)conhecimento* do seu código, a percepção de como ela *diz o que diz* ensejam ao receptor a descoberta de novas relações, novos sentidos, novas formas de compreender e vivenciar o prazer da *emoção-estética*, pois "a função poética define-se também como exploradora das fontes analógicas dos signos" (Chalhub, 1986, p.20).

Um estudo sobre a emoção musical foi realizado pelo australiano Manfred Clynes, um pianista prodígio que acabou por se dedicar à neurofisiologia. Clynes identificou na escuta reações musicais-padrão, as mesmas para indivíduos de qualquer grau de instrução. Com base nos resultados obtidos ele criou sua *Teoria Sêntica* ou *Ciência da Expressão das Emoções*, com o objetivo de afastar o homem da violência e estimular a criatividade.

Na fundamentação de sua teoria, Clynes partiu da suposição de que um pequeno número de princípios inatos preside a organização da forma das imagens musicais, concluindo que o cérebro é pré-programado para produzir e reconhecer *formas precisas*, do mesmo modo que o gene contém o código bioquímico que determina a forma do rim, por exemplo.

Segundo ele, comunicamos qualidades uns aos outros e a nós mesmos, por meio da produção e do reconhecimento de formas precisas. E que qualidades seriam essas? As *emoções*, essa classe de qualidade ligada ao sistema psicomotor, o que ratifica o princípio de que a experiência musical é uma experiência psicológica, afetiva e ativa, por excelência.

Considerando assim que há sempre uma tonalidade afetiva no exercício da música, esta deve ser explorada pelo educador em seu trabalho de formação e desenvolvimento do educando, propiciando-lhe plenitude na vivência da *emoção-estética*. Ora, como não há música que deixe de ser expressiva já que resulta sempre de um movimento de expressão, sua captação se caracteriza como um feito indivisível da própria percepção da obra. O sentimento estético se produz então, não como consequência de determinados procedimentos, mas como resultado da própria vivência musical.

É como diz o crítico austríaco Edward Hanslick em *De lo Bello in la Musica* [Do Belo Musical] (1947), a representação dos sentimentos não é matéria da música, pelo menos nas formas superiores dessa arte. A sua matéria são as formas sonoras em movimento, e a *emoção-estética* se fundamenta então numa particular sensibilidade do indivíduo aos seus valores musicais (duração, altura, intensidade, timbre), numa particular sensibilidade do indivíduo à sintaxe, à estrutura, à construção, à forma, ao gênero, ao estilo, o que é sempre favorecido pela aprendizagem.

Ratifica-se mais uma vez a importância da música na educação, pois como fenômeno perceptivo (e a percepção é sempre criativa)[6] ela possibilita captarem-se estruturas num complexo relativamente plástico, em que essas estruturas podem coexistir virtualmente com muitas outras. E, se não bastasse, a emoção que se dá diante das relações novas que se percebem na escuta faculta ao receptor o prazer do novo, do original, o prazer do estranhamento.

Mais ainda, o exercício da música, sua prática e sua escuta alçam um sentido da maior importância na educação, tendo em

---

6   Flávio Motta (apud Derdyk, 1989, p.112) diz que a noção de percepção está comprometida com a noção de imagem. Esta propicia um feixe de significações do percebido (no caso da música, do *escutado*), de tal modo que se pode elevar o sentido do olhar, do desenhar e do escutar à ideia de "fábrica de imagens", "fábrica de significações".

conta que a linguagem musical é sustentada em leis de expressão e organicidade cada vez mais complexas em relação ao código utilizado. Já em si essas leis solicitam do receptor conhecimento e aprendizagem que, alimentando sua inteligência, configuram-se como um ato original, propiciando satisfação e possibilitando mediatização.

E assim fecha-se este capítulo com as seguintes considerações:

- a *emoção musical,* como a emoção em geral, é resultado de uma dinâmica de forças. De natureza tanto fisiológica quanto psicológica, ela principia por uma excitação nervosa, quando então o som afeta o sistema nervoso autônomo, base da reação emocional;
- altura, intensidade, timbre, duração são substâncias acústicas que, embora não possuindo significação simbólica em si mesmas, agem no indivíduo até mesmo no tálamo, como já demonstrara no passado o fisiologista Férè, da Salpetrière, levando histéricas a um estado de catalepsia induzida, com o recurso do som de um diapasão (Ribas, 1957);
- outros elementos que dão sentido à música, como densidade, rarefação, tensão, relaxamento, também respondem pela emoção musical, agindo tanto no âmbito intelectual quanto motora e afetivamente. No âmbito intelectual, porque a percepção estética requer algum processo intelectual para a sua captação e contextualização; no domínio afetivo no sentido em que a música mexe com nosso tempo, espaço e movimento psíquicos, e no âmbito motor porque a música é *movimento,* ecoando *movimentos* em quem a escuta.

E aqui cabe uma pergunta: a qualidade de uma experiência musical mede-se pelo grau de envolvimento emocional do receptor? Se consideramos emoção no sentido comum do termo, *não*; e, se consideramos *emoção-estética,* aí *sim*. A *emoção-estética* tem características próprias que a distinguem de um puro estado adrenalínico. É sentimento refinado, opondo-se àquela orgia de emoções que acompanha os neófitos em música.

Forma especial de sentir, não é emoção no sentido usual do termo, pois nega aquele estado adrenalínico da emoção em geral; o que tampouco quer dizer que seja um estado intelectual frio ou passivo. Pelo contrário, a *emoção-estética* é viva, "disciplinada", aprendida, envolvendo sempre uma base inata, uma espécie de *disposição* que acompanha as tensões e distensões do discurso musical, seus movimentos e repousos, subidas e descidas, com expressão análoga em nossos sentimentos.

Só o ser humano é capaz de passar da mera descarga adrenalínica (essa resposta instintiva, quase automática dos centros excitados) para uma resposta emocionalmente estética, refinada, organizada. Só o ser humano tem a faculdade de organizar suas emoções, selecionar os meios de exteriorizá-las e *mediatizá-las*, como bem investigou Eduard Hanslick, para quem não há música que deixe de ser expressiva, pois sempre resulta de um ato de expressão. A percepção desse movimento expressivo é um feito primário, inerente à própria percepção da obra, e a emoção que a escuta suscita é resultado da própria vivência musical. Isso significa que a *emoção-estética* se fundamenta numa particular sensibilidade do indivíduo aos valores sonoros, que transcende a pura experiência sensorial e se assenta numa maior discriminação intelectual.

Hanslick desenvolve o assunto no livro *De lo Bello en la Musica* (1947), defendendo aí a tese de que a beleza da música é especificamente *musical*, resultando exclusivamente das combinações sonoras estabelecidas, da sintaxe relacional, das formas constituídas, sem qualquer relação com ideias extramusicais. E conclui que é nas etapas superiores de vida que a gratuidade artística passa a valer por si, propiciando o gozo da *emoção-sentimento*, da *emoção-estética*.

Em *O enigma do homem* (1979), Edgar Morin defende algo semelhante quando lembra que tanto no campo biológico quanto no antropológico é quase impossível isolar-se um fenômeno estético em seu estado puro; é nos desenvolvimentos culturais mais evoluídos que desabrocha de modo relativamente autônomo a estética "pura" para o prazer das formas, das cores, dos sons, da escrita, a arte pela arte, cujo sentido se esgota em si mesmo.

Cabe acrescentar que música não fala, não diz, não pensa, não significa, como se sabe; mas, por outro lado, ela *co-move* por meio de seu(s) sentido(s), simplesmente *se mostrando*. Ela seduz o ouvinte possuindo-o na escuta de suas estruturas poéticas, nas combinações que suscita, nos movimentos sintáticos e relacionais que estabelece, nas seleções e combinações de sua feitura singular, nos encadeamentos e combinatórias que quebram a expectativa da mesmice, promovendo uma desautomatização da sensibilidade e a experiência da *ostranienie* (estranhamento).

Com seu sentido habitando a relação que o sujeito mantém com ela, a música, forma perceptiva e dinâmica por excelência, constrói-se no tempo, *simboliza* os movimentos que existem nela própria e permite, simplesmente se *mostrando*, que *contemplemos* sentimentos pela percepção de formas que guardam uma relação de analogia com eles. O que, aliás, nunca pode ser conseguido conceitualmente. É no sensível da arte, é no sensível da música que reside o ser do objeto estético. O que se quer dizer assim é que a *função poética* fundamenta a essência da arte musical, apontando-a como música, expondo sua nudez icônica, fazendo uso dos escapes do inconsciente, revestindo-a de ambiguidade, evidenciando o sujeito diante do seu *dito*.

Por outro lado, se afirmamos que a questão da música passa fundamentalmente pela escuta do ouvinte, que é quem completa o seu sentido, isso não significa que o receptor seja livre para o que der e vier. Não, seguimos na escuta os caminhos *propostos* pela texto musical e completamos o seu sentido com um repertório sustentado também por outros sentidos advindos de nossos sentimentos, gostos, preconceito, cultura, modo de ser. Se o texto musical é de alguma forma direcional em razão do seu gênero, estilo, forma, *ethos*, a forma de vivenciá-lo é exclusivamente nossa, é exclusivamente pessoal.

Mais uma vez ganha corpo a importância da música na educação, possibilitando na contemplação de seus múltiplos sentidos a vivência de uma *emoção intelectualizada*, experiência na qual, como informa João Francisco Duarte Júnior (1981, p.54-5),

> ocorre como que uma suspensão da realidade cotidiana: o mundo prático é colocado entre parênteses e nos envolvemos com a realidade da obra ... Nesta nova realidade então, nossa consciência posta-se de forma diferente da usual, distinta daquela maneira de ela se dar no dia a dia. A percepção cessa de ser utilitária ... deixa de se preocupar com a utilidade do percebido para se concentrar em sua aparência ... a verdade do sensível ... Não perguntamos nunca para que serve uma obra: ela serve apenas para ser fruída, desfrutada, serve para despertar em nós a consciência e a vivência de aspectos do nosso sentir com relação ao mundo.

Há sempre na escuta um fundo difuso e flutuante de sentimento (denominador comum dos fenômenos da consciência), o que não exclui absolutamente a intervenção de outras atividades psíquicas como a inteligência, mesmo porque não é o coração que capta a música, e sim a inteligência. Por isso, dizemos que a apreciação musical, longe de ser um presente da natureza, é um prêmio da inteligência.

Como a emoção musical se fundamenta numa particular sensibilidade do sujeito aos valores sonoros (seus parâmetros musicais, sua sintaxe), e como a *emoção-estética* transcende a pura experiência sensorial assentando-se numa maior discriminação intelectual, encontra-se aí um auxiliar valioso para o desenvolvimento da equação pessoal do educando, o que deve ser levado em conta pelo educador em sua tarefa pedagógica, formativa e socializadora, na medida em que, entusiasmando e mobilizando, a música propicia o desenvolvimento da sensibilidade, favorece a disciplina e contribui para o desenvolvimento da consciência de cidadania do educando.

4
O poder da música

> Não conheço nada mais grandioso do que a *Appassionata*. Gostaria de ouvi-la todo dia. É uma música maravilhosa, sobre-humana ... Mas eu não posso ouvir música com muita frequência, ela me faz mal aos nervos, deixa-me querendo dizer coisas gentis, estúpidas, afagar a cabeça de pessoas que, vivendo nesse mundo tão vil, podem criar tamanha beleza...
>
> (*Lenin*)

Falar do *poder* da música é assinalar de algum modo a sua influência no ser humano pois, como fenômeno físico (*som, ruído, silêncio* – objeto da físico-acústica) e como fenômeno psicológico (*relações sonoras* – objeto da psicologia), seus elementos constitutivos e sua sintaxe de semântica singular induzem correspondentes movimentos biológicos, fisiológicos, psicológicos e mentais.

Considerada pelos antigos uma poderosa força mágica e hoje, à luz de avançadas pesquisas científicas, uma força de ação fisiológica e psicológica, a música constitui ferramenta auxiliar da educação, da mesma forma que participa de diferentes tratamentos de recuperação, integrando programas de desenvolvimento de condições físicas e mentais do indivíduo, sem prescindir da conclusão racional de outras disciplinas, médicas, paramédicas e psicológicas.

Pesquisando seu *poder* e, para tanto, recortando o período que vai da utilização *mágica* do som à exploração *científica* das possibilidades de seus *usos* e *recursos*, levantam-se as considerações que seguem.

Indo do *ruído* e do *som*, ao *silêncio*, a música impressiona o indivíduo no seu todo, estimulando-lhe reações variáveis. Como boa parte das atividades mentais escapa ao olhar da consciência, e como o sentido musical excede o discurso *expondo* "o homem na sua vivência cotidiana tanto quanto no seu destino histórico" (Bellemin-Nöel, 1978, p.13), a prática musical, com seu *jogo* lógico, orgânico, lúdico e de *quase racionalidade*, mobiliza e revela *investimentos* afetivos.

Compondo com o princípio de *realidade* e considerando que "são dois os lugares onde sopra ainda a liberdade do não senso ... o *humor* e a *arte*" (ibidem, p.33), infere-se que a linguagem musical, sem nenhum propósito de ser *a solução*, constitui valiosa ferramenta educacional.

Tudo no universo da música impressiona o sujeito, e já desde a sua vida intrauterina. Da *percepção* interna dos sons de seu mundo fetal à *percepção* do ambiente rítmico-sonoro que o circunda pela vida afora (palavras, ruídos, ultra e infrassons, pulsos, melodias, timbres), o estímulo sonoro e musical carrega sempre o *poder* de *im-pressionar*, de burlar mecanismos de defesa e favorecer uma maior aproximação do indivíduo consigo mesmo, o que se traduz em respostas biológicas e fisiológicas, em reações sensoriais, hormonais, fisiomotoras e psicológicas propriamente ditas.

O mundo do feto é um mundo de vibrações (ritmo e som). Mergulhado naquilo que alguns autores, entre eles Freud, chamam de *vivência oceânica*, o feto é sensível à rede de significantes desse rico universo, em especial ao ritmo do fluxo sanguíneo do cordão umbilical que alimenta sua economia fetal; é sensível às pulsações cardíacas e à voz interna da mãe, a alguns movimentos intestinais, articulares, enzimáticos e respiratórios, a sons de gases, líquidos e "cruzar das paredes uterinas" (Benenzon, 1971, p.56).

À medida que o feto se desenvolve, ele vai adquirindo a sensação da importância desse mundo de vibrações, em particular dos batimentos cardíacos da mãe, percebidos como *vida* que penetra pela artéria umbilical, e de tal modo que alterações na sua regularidade acabam por lhe provocar sensações desprazerosas, desconforto, sensações de ameaça e morte (falta de oxigênio, falta de alimento).[1]

Segundo Benenzon, o feto não reage apenas aos movimentos rítmico-sonoros desse seu paraíso uterino. Ele reage também a alguns sons do mundo exterior que por sua intensidade chegariam de alguma forma até ele, ainda que abrandados pelo trajeto percorrido (Benenzon & Yepes, 1971).

Benenzon relata nesse livro um singular caso de percepção intrauterina, o de uma mãe que, sentindo muita angústia e ansiedade nos últimos meses de gravidez, acalmava-se ouvindo a ópera *Madame Butterfly*, de Puccini. Nascido o bebê, observou-se que esse era o único estímulo que lhe acalmava o pranto (ibidem, p.59).

Um outro exemplo da relação *feto/música* é oferecido ainda por Benenzon quando, referindo-se a um paciente do musicoterapeuta e educador Edgar Willems, registra que sua sensibilidade circunscrevia-se à zona umbilical. Portanto, todas as vezes que esse paciente ia escutar música, desamarrava o cinto e deixava a descoberto o umbigo, sugerindo simbolicamente uma regressão à fase fetal (a exemplo da sensação do fluxo sanguíneo, *vida*, penetrando pela artéria umbilical). E Charles Rycroft, na análise de um paciente seu, observa que "a música derivaria do prazer primário de ele escutar as pulsações do cordão umbilical" (ibidem, p.63-4).

---

1 Remetemos o leitor ao livro *Musicoterapia y Educación* (1971), de Roland O. Benenzon, em que esse assunto é desenvolvido com propriedade, sobretudo no capítulo "Biologia do som", do qual foram extraídas algumas das informações aqui expostas.

Ora, como a escuta musical sempre trai algo do inconsciente que ela revela e oculta, como o umbigo *mediatiza* a relação do feto com a mãe e como a sutura umbilical (evidenciando a ruptura definitiva com um outro corpo) introduz o recém-nascido em um novo modo de relação, *mediatizado* agora pela *voz* (do bebê, da mãe, do pai) e não mais pelo umbigo (Vasse, 1977), entende-se a que vem o estado de regressão experimentado por esses pacientes. É o indivíduo revelando-se no silêncio da escuta.

No brilhante livro *O umbigo e a voz*, o psicanalista Denis Vasse, tratando da psicanálise de duas crianças, descreve como a *voz* se inscreve na ruptura umbilical, como a *voz* se inscreve no *umbigo* por ocasião do nascimento do bebê. O fechamento umbilical que marca o seu nascimento encontra-se correlacionado à emissão do primeiro grito, à *voz*, à ativação do sopro respiratório, e ao mesmo tempo à ruptura definitiva com o corpo da mãe.

A ruptura, por sua vez, implica uma nova vida para a criança, que se vê "destinada à residência naquele corpo. É destinada a esse corpo pelo desejo dos pais, desejo inconsciente nascido de seu próprio encontro e de sua própria separação, de sua aliança e da palavra que a selou" (ibidem, p.14), à qual o recém-nascido encarna e dá testemunho. Daí em diante o corpo a corpo com a mãe é *mediatizado* pela *voz*, introduzindo o recém-nascido em um novo modo de relação.

Se o umbigo é clausura, a *voz* é subversão que, atravessando a clausura, leva o recém-nascido a assumir seu lugar de sujeito e habitar a linguagem. A *voz* substitui o vínculo do sangue umbilical e *re-liga* o sujeito, "de um lado, à particularidade do seu corpo e do seu sangue, à sua história, e do outro, à universalidade da linguagem e dos sujeitos que falam, à humanidade" enfim (ibidem, p.17-8).

A reflexão que surge nesse momento diz respeito à questão de como o feto capta esse mundo de vibração. Mais uma vez recorre-se a Benenzon, cujos trabalhos na área da musicoterapia e psiquiatria balizam sua suposição de que o feto apreende esse mundo vibracional muito provavelmente pelo movimento, captando-o como se ele mesmo fosse um todo sensorial indiferenciado, uma unidade de percepção sensorial.

Sustentado na teoria da audição fetal, R. Tomatis (1964) desenvolveria um conceito audiofonológico que propõe uma abordagem audiocomportamental pelo condicionamento da audição. Segundo Tomatis, o feto reconhece os ruídos específicos da mãe, inclusive sua voz; considerando esse aspecto, o pesquisador utilizou uma ferramenta muito especial no tratamento de crianças disléxicas, o som da voz da própria mãe passado por filtros, que, sugerindo sua transmissão por um meio aquoso, remetia o disléxico, de forma associativa e inconsciente, àquele período de permanência no líquido amniótico da bolsa fetal.

Para Tomatis o feto não só reconhece a voz de sua mãe como também capta suas palavras, tornando-as inteligíveis para si, o que não acontece em relação à voz de qualquer outra pessoa.

Pesquisas recentes ratificam todas essas suas afirmações. É provado que o feto capta certas frequências internas da voz da mãe, e essas impressões precoces são – quantas vezes! – expressas em desenhos realizados por crianças. É assim que, observando uma criança que desenha, "tropeçamos" vez por outra com o equívoco, com o "engano", que sustentamos para poder *revelar*; e tendo em conta que o erro nunca é por acaso, ficamos então diante de um valor de interpretação. O engano *assume* valor de interpretação.

Assim, é simplesmente revelador o grau de importância que a criança atribui às orelhas nos desenhos que faz do corpo humano, por exemplo. Em muitos desses trabalhos, as orelhas ora são apresentadas de forma desproporcional, avantajada, ora são omitidas, quando então a criança desenha cabeças e rostos *sem* orelhas, como se estas absolutamente não existissem nem fossem necessárias. Para a psicanálise, esses desenhos remetem a experiências "auditivas" fetais.

Logo que nasce, o bebê se vê novamente imerso em um mundo de vibrações. Diante desse novo mundo rítmico-sonoro naturalmente imposto, podemos pensar em programas musicais que, bem escolhidos, serão recebidos com satisfação e agrado pelo bebê, proporcionando-lhe sentimentos de companhia e segurança, entre outros.

Nesse novo mundo a voz da mãe é percebida com prazer, pois é associada a calor, segurança, alimento, *vida* enfim. E de tal modo que a primeira audição da voz materna é uma experiência única na vida do bebê, lembra Benenzon.

Confirmando lembranças de experiências fetais, o psiquiatra registra a existência de pessoas que, ouvindo música, mantêm os olhos cerrados e a boca semiaberta, "bebendo" a música (leite) em prazer regressivo. Sim, porque para a musicoterapia a música pode evocar a voz da mãe. Quem sabe por isso os antigos, intuindo essa experiência, construíram instrumentos símbólicos nomeados de *tambor-mãe!*

E é por todo o exposto que o silêncio absoluto pode se tornar ameaçador para o bebê, porque é sentido como abandono, perigo. A função da música nesse contexto é "levar" alívio à criança, uma vez que o estímulo musical propicia a ilusão de um grupo de apoio (Alvin, 1966). Aliás, o psicoterapeuta Sidney Mitchell, já em 1948, usava música em suas sessões de psicoterapia de grupo porquanto considerava que

> a música clássica parece ajudar a união do grupo, pois desperta um sentimento de segurança, e a música tradicional e as canções folclóricas são o meio mais efetivo de reunir as pessoas e integrar o grupo, por suas relações profundamente assentadas e cósmicas. (Mitchell apud Shatin & Zimet, 1964)

O estímulo musical é captado pelo recém-nascido já na segunda ou terceira hora de vida, muito embora a sua reação proceda não exatamente em função da *qualidade,* mas da *intensidade* do som. A partir do quarto mês (para alguns a partir mesmo do segundo) o estímulo auditivo já induz efeitos agradáveis e/ou desagradáveis, ligados agora não só à *intensidade* mas também à *qualidade* do som percebido.

É interessante atentar para o fato de que o bebê é capaz de cantar e balbuciar, emitir sons individuais, produzir padrões ondulantes e reproduzir padrões prosódicos e sons cantados por outros, com uma precisão que vai além da aleatoriedade (Gardner, 1994, p.85).

Segundo outros estudiosos, a partir já dos dois meses os bebês são capazes de igualar altura, volume e o contorno melódico das canções entoadas por suas mães, e a partir dos quatro meses já conseguem se adequar à estrutura rítmica das canções ouvidas. Daí a exigência para que se dê atenção ao tipo de repertório musical que lhes é oferecido.

Mas o *poder* da música tem um alcance ainda maior. O estímulo musical mobiliza a atividade motora, particularmente em função do ritmo, propiciando imagens cinestésicas em nossa mente, imagens de movimentos que parecem mesmo reais. Por essa razão, ao ouvir música, particularmente música rítmica, podemos experimentar a sensação de estar executando movimentos.

A ação do ritmo se estende por nossa respiração, circulação, digestão, oxigenação, dinamismo nervoso e humoral, e sobre o cortejo das operações mentais; atua em nossa vida biológica e psicológica, induz reações positivas e negativas, cria consciência do movimento, propicia o controle do sistema motor (e nesse procedimento se assenta a educação de pessoas com necessidades motoras especiais), robustece e enfraquece a energia muscular, reduz e retarda a fadiga.

Desse modo ritmos monótonos, repetidos, aumentam a tensão de ouvintes predispostos, e sob circunstâncias especiais podem até suscitar sentimentos de pânico. Observe-se que este efeito foi usado artisticamente pelo dramaturgo norte-americano Eugenio O'Neill (Prêmio Nobel de literatura em 1936) em sua obra *O Imperador Jones*. Nessa obra, a intensidade da percussão de um tambor que pouco a pouco se aproxima vai aumentando, e essa gradação dinâmica simbolicamente representa a culpa interna e a ameaça externa de castigo.

Por meio desse elemento dinamogênico que é o ritmo, a música estimula a execução de atividades voluntárias e a extensão de reflexos condicionados (escrever, dirigir, tocar, desenhar), o que, aliás, já havia sido comprovado pelo fisiologista Charles Férè, da Salpêtrière, com o auxílio do ergógrafo de Mosso.

Embora o caráter e o modo da obra musical também possam determinar um significativo rendimento muscular, a ação do ritmo é sempre mais intensa. Desse modo, ritmos vivos são em geral mais excitantes, provocando vasodilatação capilar, aumento de força e de energia muscular, levando por vezes à hipertonia e à embriaguez motora; já os ritmos lentos são em geral menos estimulantes, favorecendo a vasoconstrição capilar, diminuição de força e de energia muscular. Provavelmente por essa razão as marchas militares são costumeiramente escritas em ritmo vivo (e modo maior) e as fúnebres em ritmo lento (e modo menor), favorecendo estas últimas uma atitude mais contemplativa, mais interiorizada.

Isso explica também por que se utiliza música mais rítmica que melódica em locais de trabalho, indústrias, fábricas, oficinas. E sempre sem a proposta de uma percepção consciente, a fim de que o interesse do trabalhador não se volte para a música em si, o que o desviaria de sua função precípua, provocando uma queda de seu rendimento. Esses "programas musicais" devem ser ouvidos e não *escutados*, e para tanto são deixados de lado todos os recursos técnicos mais elaborados que possam transformar o texto musical em um personagem central e vivo. E é desse modo que o repertório a ser utilizado deve animar sim, mas sem chamar a atenção sobre si mesmo. Essa a base da música *funcional* que, racionalmente utilizada, promove aumento de energia e eficiência, eleva o ânimo, diminui tensões, alivia a monotonia e até "evita" acidentes de trabalho. Nesse sentido cabe um planejamento racional do repertório musical, o que deve ser realizado em conjunto por um músico e um psicólogo.

Afinal, existem relações reais entre música e ritmo humano, pulso e tempo musical, como também existem certos aspectos da chamada vida interior – física e/ou mental que apresentam propriedades formais similares às da música: esquemas de movimento e repouso, de tensão e distensão, de preparação, satisfação, excitação, relaxamento, como bem pesquisou a psicóloga Susan Langer (1980).

Aproveitando a terminologia de Paul Chauchard, um dos pesquisadores referenciados por Edgar Willems em *Introducción a la Musicoterapia* (1975), podemos também acrescentar que estímulos musicais impressionam a *bioconsciência*, a *zooconsciência* e a *consciência humana reflexiva*, o que significa dizer que eles favorecem o desenvolvimento da memória *rítmica* (referente ao bulbo), da memória *melódica* (referente ao diencéfalo) e da memória *harmônica* (referente ao córtex).

O *poder* da música vai ainda mais longe. Como ela abaixa o limiar em relação a estímulos sensoriais de diferentes tipos, é usada em gabinetes dentários e em salas cirúrgicas, caracterizando-se como um recurso para aliviar inquietações, ansiedades, medos dos pacientes, e também para diminuir a sensibilidade à dor, como aliás foi utilizada na Santa Casa de Misericórdia de São Paulo (SP). Essa ação já havia sido endossada pelos participantes do II Simpósio Internacional sobre o uso da Música na Medicina, em Ludenscheid (Alemanha), que na época salientaram suas vantagens sobre a anestesia, no sentido em que a música, ao contrário daquela, "obscurece" o córtex cerebral penetrando fundo nos centros inferiores do cérebro, tranquilizando-o, e sem apresentar os efeitos colaterais da anestesia.

E ainda, essa ação é mais significativa quando o próprio paciente escolhe o que quer ouvir. Sendo de sua própria escolha, o repertório "aplicado" terá maior alcance, podendo favorecer a produção de um volume maior de hormônios que atenuem sentimentos de angústia e medo. Howard e Martha Lewis (1974) relatam nesse sentido o resultado de testes que efetuaram em dois universitários – um aficionado amante da música clássica e uma jovem, amante da música popular. O primeiro, quando ouvia fugas de Bach (o que muito lhe agradava, pois que sua formação era erudita), tinha sua sensibilidade à dor reduzida em 26%, como comprovaram os testes realizados. Já na escuta da música popular, estilo com o qual ele não apresentava muita afinidade, o seu limiar de dor baixava em apenas 8%. E exatamente o contrário acontecia com a jovem, uma entusiasta da música popular, sem grandes interesses pela música clássica.

Na realidade, em termos essencialmente psicológicos a música colabora no estabelecimento do equilíbrio afetivo e emocional do indivíduo, propiciando desafogo e alívio de angústias. Bem escolhida, ela induz calma, relaxamento, e propicia um significativo sentimento de bem-estar, sobretudo quando construída em registros graves, com a utilização de sons de baixa frequência e o emprego de escalas pentatônicas (escalas que se baseiam em um sistema de cinco alturas determinadas, dentro de uma oitava).

O *poder* da música remete assim à biologia e à psicologia do som, às vibrações e às relações sonoras repercutindo no indivíduo todo, induzindo ecos e ressonâncias. Seu estímulo abala o sistema sensorial, motor, afetivo, mental; provoca mudanças no metabolismo, acelera e altera a regularidade da respiração, determina efeito acentuado mas variável sobre o volume sanguíneo, o pulso e a pressão arterial, abaixa o limiar em relação a estímulos sensoriais de diversos tipos, participa das bases fisiológicas da gênese das emoções, repercute sobre as glândulas de secreção interna, atua sobre o córtex cerebral, o sistema neurovegetativo, o ritmo cardíaco, a amplitude respiratória, o sistema neuroendócrino, e no caso de sons mais agudos, evoca um efeito mais positivo nos ouvintes; motiva, emociona, move a química cerebral e influencia a conduta.

Em meados da década de 1950, como demonstra Ribas, os autores Fraisse e Raoul Husson pesquisaram a ação da emoção musical sobre a motricidade e o sistema neurovegetativo, fazendo uso de um eletroencefalograma, de um aparelho para registro do reflexo psicogalvânico da pele e de um dispositivo que assinalava o ritmo cardíaco e a amplitude respiratória. Com músicas que iam de Schubert a Debussy eles observaram que, sobretudo quando o indivíduo escutava uma peça musical que lhe era familiar, tanto o eletroencefalograma quanto o reflexo psicogalvânico da pele registravam respostas, em função da estimulação. Já as variações no ritmo respiratório e cardíaco não se mostraram apreciáveis.

Quanto ao sistema neuroendócrino, existem registros na literatura especializada que comprovam a relação desse sistema com o som, como no caso de mães lactantes, que ouvindo o filho chorar apresentam pronta secreção láctea. Em relação à influência da música na circulação sanguínea, há um relato de Benenzon (1971, p.40) e de Carvalhal Ribas (1957, p.81), ambos em torno da experiência histórica vivida pelo fisiologista italiano Patrizi. Patrizi conhecera um jovem de cerca de 14 anos, que sofrera um ferimento na cabeça de mais ou menos 13 cm de extensão. A sua recuperação fora relativamente rápida, e depois de algum tempo restara naquele local apenas uma cicatriz pulsátil. Foi exatamente essa cicatriz (parecida com a moleira de um bebê) que possibilitou a percepção de um movimento de expansão e depressão da membrana cicatricial, movimento que correspondia ao fluxo sanguíneo nessa região, que por sua vez variava sob a ação de estímulos musicais. Possibilitando-lhe a escuta da *Marselhesa* (obra de agrado do jovem), música viva, rítmica, estimulante, Patrizi pôde comprovar e registrar com o auxílio de eletrodos a maior afluência de sangue nessa área, concluindo então que a ação da música alterava a circulação sanguínea do cérebro tanto quanto a circulação periférica. Essa experiência corrobora a afirmação de que trabalhos manuais podem ser realizados mais facilmente e com maior rendimento quando estimulados por um adequado repertório rítmico-musical.

A emoção musical, sabe-se, resulta em sua gênese de uma excitação *fisiológica* e/ou *psicológica* que afeta o sistema nervoso autônomo. Considerando que o desenvolvimento da equação pessoal do educando depende da satisfação de necessidades emocionais básicas; que a vivência musical possibilita sempre um grande número de experiências sensoriais, emocionais, intelectuais, estéticas e sociais satisfatórias; que há muitos padrões de comportamento básico que são aprendidos – como corroboram pesquisas de Harry F. Harlow – e que impulsos internos são relativamente sem importância se comparados a incentivos externos, ainda segundo Harlow, não há como prescindir da música quando desejamos estimular a formação de adequados e produtivos padrões de comportamento. Sempre em benefício do educando.

Considerando a relação entre música e expressão emocional, acredita-se que o jazz e particularmente o rock, por exemplo, sejam expressão do impulso sexual – muitas vezes não confessado – do jovem. Música que fala diretamente aos adolescentes, o rock surgiu como expressão livre e sem precedentes da energia sexual e da agressividade desses mesmos jovens, em meados da década de 1950. Para o guitarrista Pete Townshend, alma e líder do grupo *The Who*,[2] esse gênero evoca, acalma e *transforma* as paixões dos adolescentes, ajudando-os a sair inteiros do outro lado.

Místico, seguidor do guru indiano Meher Babas, Townshend sempre acreditou que se houvesse algo inerentemente violento no rock (e parece haver), se existissem bandas que acentuavam essa característica de violência, os melhores grupos como a sua banda procuravam transformá-la em uma experiência artística prazerosa, catártica, inofensiva e até mesmo religiosa.

Acredita-se que antes do aparecimento do rock nenhum outro gênero musical tenha tentado lidar com a sexualidade e a agressividade dos jovens de forma tão direta e tão democrática. Os conjuntos de rock foram os primeiros a fazê-lo, direcionando e transformando em arte as ansiedades sexuais, os impulsos violentos e as frustrações de adolescentes. É absolutamente claro

---

2 A banda *The Who* introduziu no palco do rock a *destruição ritualizada* (de guitarras, de tambores) e criou a *ópera rock*, cujo exemplo, *Tommy*, gira em torno do tema da experiência transcendental.

que o rock não tem apenas essa finalidade, pois seu apreciador, o apreciador do verdadeiro gênero, pode desfrutar de uma satisfação e de um prazer genuinamente musicais, simplesmente experienciando com elevado critério de conhecimento sua estrutura, seu ritmo, sua linha melódica e sua harmonia, privilegiando a música pela música, o rock pelo rock.

De mais a mais, propiciando a emergência de material inconsciente, o que é aproveitado no trabalho de musicoterapeutas e psicólogos em benefício dos pacientes, um dos objetivos *psicológicos* da música é facultar ao indivíduo uma saída emocional mediante a *experiência estética*, musical, que integra a totalidade do sujeito, envolvendo corpo, mente e emoções.

Estimulando movimentos psíquicos, a escuta musical pode evocar experiências pretéritas e se ligar a estados em que o espaço e o tempo tomam outras dimensões. Por esse motivo a musicoterapeuta Frances Hannet (apud Benenzon, 1971, p.12) costumava lembrar que, em termos psicológicos, a melodia é expressão pré-consciente, empregada para transmitir emoções e sentimentos que não conseguimos expressar direta, verbalmente. E Freud (apud Benenzon, 1971, p.89), discorrendo sobre o assunto, afirmava que a melodia que de pronto invade a cabeça do indivíduo é condicionada por um processo de pensamentos ao qual pertence, e que por alguma razão ocupa sua mente sem que o sujeito se dê conta. Claro, ele não sustentava o mesmo no caso de pessoas verdadeiramente musicais, pois, além de não ter tido experiência com esses indivíduos, Freud acreditava que o simples valor musical da linha melódica podia justificar, neles, a súbita aparição desta última na consciência.

A música é dotada assim de um *poder* cujas repercussões imputam sua necessidade na educação. E no caso das escolas ela é também necessária, haja vista esse *poder* sustentar uma desejada interdisciplinaridade. Como exemplo, na abordagem de temas *biológicos* é possível à linguagem musical um papel pedagógico ativo, na medida em que, envolvendo órgãos sensoriais receptores de sua *fala*, particularmente o ouvido (escuta) e a visão (leitura), ela pode também motivar o conhecimento e a análise da natureza, da estrutura, da função e do uso desses referidos órgãos, como estimular o estudo do sistema respiratório e do aparelho fonador envolvidos no canto e na comunicação verbal, com propostas a uma correta higiene da voz e solução de anomalias vocais.

Em termos *psicopedagógicos* ela age sobre a capacidade de atenção do educando, estimulando-o a níveis insuspeitados, e de tal forma que se investiga hoje a possibilidade de que certas músicas, sustentando a capacidade de atenção de pessoas predispostas, prolonguem sua atividade psicomotora muito além do que o fazem determinadas drogas.

Relacionando-se com a matemática em razão das dimensões concretas e quantitativas de que são dotadas (duração, compasso, pulso, proporcionalidade, velocidade), as representações sonoras possibilitam o desenvolvimento do pensamento lógico de que ambas, música e matemática, compartilham.

Por outro lado, os parâmetros musicais são passíveis de medição e representação sígnica a exemplo da matemática, além de que o seu desenvolvimento, também como o da matemática, faculta a construção de critérios que possibilitam reconhecer, abordar e resolver problemas do dia a dia.

A música auxilia a *maturação intelectual* do educando (a despeito de ser uma linguagem não verbal), no sentido em que sua percepção requer, de algum modo, um mínimo de participação da inteligência, ainda que o texto musical abordado seja construído de forma elementar. Mesmo experiências musicais as mais elementares solicitam do receptor um estado de prontidão, de alerta, a fim de que se sustente a escuta da arquitetura sonora, além do que a escuta envolve também movimento de operações mentais que auxiliam na apreensão e compreensão de formas e sentidos ouvidos. Afinal, um som só se justifica em relação ao que vem antes e ao que vem depois. Partindo desse nível primário de abordagem podemos então proceder a construções cada vez mais elaboradas, até chegar a formas "superiores" de música, quando então uma série de operações mentais de complexidade crescente é solicitada.

O *poder* da música se estende à faculdade da *memória*, remetendo tanto ao "conjunto de mecanismos pelos quais uma certa aquisição [aprendizagem] se conserva disponível, podendo ser recordada e utilizada" (Reuchlin, 1979),[3] quanto à possibilidade de o *hábito* da escuta musical levar à especialização de um certo número de células da região de Wernicke,[4] favorecendo a construção do chamado *centro das representações auditivas dos sons musicais*, uma sub-região dentro da região de Wernicke (Ribas, 1957, p.55) responsável pelo conhecimento e *reconhecimento* dos sons musicais ouvidos. Esse conhecimento e *reconhecimento* são tributários da capacidade (memória) de reter e reviver um modelo sonoro. E mais, com base nas premissas de que *ouvido musical* é memória do som e que *senso rítmico* é memória do tempo, que a representação mental do som e do tempo implicam a formação de imagens e que criar imagens é função da *memória*, assegura-se o entendimento de sua importância na educação.

Elemento catalisador de episódios históricos já registrados na Europa medieval e renascentista como a *coreomania* e o *tarantismo*, o *poder* da música se estende também a uma função catártica, utilizada até mesmo de forma inconsciente para expurgação de emoções que não conseguimos expressar verbalmente (pelo menos em um primeiro instante), pois a verbalização aproxima-nos demasiadamente do que nos atemoriza. Num primeiro momento, a música atua então como objeto intermediário, sem

---

[3] Para maior conhecimento do assunto sugere-se a leitura de Reuchlin (1979, p.129ss).

[4] A região de Wernicke, o chamado *centro das representações auditivas das palavras*, está situada no córtex cerebral, no lobo temporal esquerdo (primeira circunvolução temporal esquerda), possibilitando ao indivíduo o conhecimento e o reconhecimento dos sons das palavras ouvidas.

desencadear estados de alarma intensos que provavelmente nos desarticulariam; já num segundo momento, *favorece* a verbalização, seja de forma simples, primária, direta, possibilitando uma resposta instintiva ao som, ou mais elaborada, agindo como recurso projetivo-sonoro pelo qual o indivíduo está pronto a revelar-se e a falar de si. A música é, desse modo, indicação primeira e única no caso de indivíduos com dificuldades de comunicação verbal, como os autistas e catatônicos, promovendo a abertura de novos canais de comunicação e facilitando, dessa maneira, a introdução de outros tipos de terapia.

Em termos de *psicologia do som*, incontadas vezes (e a despeito das posições de Freud) a psicanálise tomou a música como objeto de investigação. Entretanto, a dificuldade sempre foi grande em razão da própria natureza icônica dessa linguagem. Como a música não representa em si objetos do mundo exterior, ao contrário das demais artes, compreende-se a dificuldade desses profissionais. Imantada de si mesma, a música tem o *poder* de induzir e "pré-figurar" ordens e desordens possíveis, caminhos diversos na existência das ideias e dos sentimentos, sem nunca trazer ou exprimir qualquer significado.

Sempre mobilizando, quando vivenciado coletivamente como na chamada música de massas, o estímulo musical dota-se de um outro *poder*, favorecendo o amortecimento de funções críticas e incitando à ação. Aliás, a música de massas, que no transcurso dos últimos tempos permaneceu de certo modo marginalizada como categoria artística, é assinalada por uma função social "interessada", uma feliz expressão de Mário de Andrade em sua *Pequena história da música* (1977).

Induzindo pronta identificação, seus elementos característicos vão da linha melódica simples, do caráter afetivo (possibilitando prontamente transformá-la em canção de luta) e da dinamogenia, ao *élan* e à força emocional. A música de massas é constituída de frases curtas, no geral estribilho e estrofes que facultam fácil memorização, ritmo vivo, "contagiante", que reflete a era das máquinas, harmonia simples, sem rebuscamentos, a fim de, quando necessário, ser deixada de lado sem que se frustre a possibilidade de continuarmos cantando a melodia. Em sua gênese é música de luta, de ação, música política, ideológica (aliás, já sabemos, não existe música inocente!), dirigida, nascida imediatamente após a Primeira Guerra Mundial e vinculada a um determinado momento histórico, o auge do socialismo. Como mostra a História, essa tendência à música de massas foi vivenciada com conflitos na Alemanha e na Áustria, onde a luta pelo poder na época foi inflamada. A burguesia que sucedera à aristocracia ainda não havia se enfraquecido com o avanço do proletariado. Já na Rússia, esse tipo de música foi vivenciado com mais tranquilidade, pois as novas formas de governo, uma vez estabelecidas, logo dominaram, alimentadas inclusive desse novo modelo musical que tão bem refletia a luta de classes.

Música de massas é música do proletariado mas paradoxalmente composta por intelectuais e artistas que faziam parte da burguesia. É interessante observar, como assinala Stewart Wilson em conferência internacional na Unesco (1953, apud Ribas 1957, p.34), que a música popular, simples, direta, contribui particularmente para unir os homens entre si, exprimindo ideais de coletividade acessíveis a todos. E acrescenta-se também que, tanto quanto a música de massas, a música popular é sustentada em termos psicológicos pelo instinto gregário, pela catatimia, pela emoção musical propriamente dita e pelas forças indutoras e sugestionadoras do povo.

Por todo o seu alcance, a música vê-se dotada de um *poder* que beneficia a todos, incluindo aqui o *educando*. Por essa razão, o trabalho musical bem planejado e o repertório musical bem selecionado sempre beneficiam o educando, resultando em desenvolvimento cognitivo, afetivo, intelectual, educação do pensamento, educação dos sentimentos e consciência de cidadania. Beneficiam-se as funções psíquicas (afetividade e inteligência), a motricidade, a dimensão afetiva e as faculdades superiores do ser humano (Willems, 1979).

Mais ainda, o *poder* da música envolve um sentimento de prazer em diferentes níveis, possibilitando ao educando, ainda que temporariamente, *jogar* com o não senso. Favorecendo "representações" inconscientes, ritmos, sons, timbres e melodias estimulam investiduras afetivas, mesmo porque fazer música é investir um afeto no jogo musical, *descarregando-o* e *dominando-o*. Há assim liberação do gozo que emana de camadas psíquicas profundas, ratificando o juízo de que a prática da música implica ganho de prazer, mesmo o prazer puramente estético. Como música só fala de música, como só se refere a si mesma, ao modo peculiar de se mostrar e à potencialidade relacional de suas metáforas e metonímias, acaba por desautomatizar a sensibilidade do fruidor, possibilitando-lhe, desse modo, sentir-se muito mais intensamente.

Legitimada como receptáculo da verdade do inconsciente, a forma afetiva de que se dota a prática da música corporifica-se como da ordem da experiência, suportando a investidura da verdade. "Desvelando" o receptor por meio das ressonâncias dele aos ecos que suscita, diz-se então que música *é* uma forma de comportamento. É desse modo também que a prática musical se marca como um jogo entre a percepção consciente, conceitual e prática, e a inconsciente, sincrética e mais emocional, beneficiando e tornando viável o desenvolvimento da alternância entre modos de pensar articulados e inarticulados.

Enfim, abordando a música e seu *poder,* e lembrando que sua prática ajuda a desenvolver diferentes maneiras de perceber e expressar o mundo – analítica, temporal, espacial, psíquica e emocional –, remetemos finalmente o leitor ao lacaniano MDMagno (1986) para recortá-la em dois *veios* como este o faz, sustentado em Freud, numa analogia com os mecanismos de nosso psiquismo: *a Música* e *a música*.

A Música e *a música*, segundo MDMagno, correspondem aos dois *princípios* que regem, de acordo com a teoria freudiana, o funcionamento mental: o princípio de prazer, processo primário (sistema inconsciente), e o princípio de realidade, processo secundário (sistema pré-consciente–consciente). Formando par com o princípio de prazer, o princípio de realidade modifica-o, impõe-se como regulador e adia a satisfação desejada em função das condições do mundo externo, sem que com isso o princípio de prazer seja suprimido. Pelo contrário, ele continua a reinar no campo das atividades psíquicas.

O *modo* de funcionamento desses dois princípios obedece aos mecanismos dos processos primários (energia *livre*, inconsciente) e secundário (energia *ligada*, pré-consciente–consciente).

No processo primário a energia psíquica escoa livremente de uma representação a outra, valendo-se para tanto de movimentos de *deslocamento* e *condensação*, técnicas também utilizadas na construção da obra musical. Acrescente-se que a infraestrutura da produção musical é modulada por processos inconscientes, podendo expor uma organização complexa superior à estrutura lógica do pensamento consciente.

No processo secundário a energia *ligada* escoa de forma controlada, as representações são mais estáveis e a satisfação é adiada em função das condições externas. Com tendência ativa à articulação conforme observado por Freud e pela Gestalt (cada um a seu modo), tendemos, em razão do processo secundário, a perceber formas precisas, simples, compactas, eliminando ao mesmo tempo as formas indefinidas, incoerentes e inarticuladas (Ehrenzweig, 1977, p.41). O processo secundário constitui-se assim uma modificação do primário, justapondo-se de maneira clara e definida, percebendo e produzindo uma estrutura tão pregnante e simples quanto possível, ao passo que sua função reguladora é garantida pelo ego, cujo principal papel é o de inibir o processo primário (cf. Laplanche & Pontalis, 1986, p.466-77).

A Música, lembra MDMagno, *é* princípio do prazer, que no falante funciona como processo primário; e *a música* corresponde ao princípio de realidade, processo secundário, que parte também do princípio do prazer. Desse modo *a música*, princípio de realidade, é o "inconsciente numa outra", ou seja, é o processo primário em outro grau de articulação, assim como o processo primário é o princípio do prazer do falante como tal. Isso significa dizer que *a música* não é exatamente o inconsciente; mas seu *processo* de articulação, *sim*, é o mesmo do princípio do prazer

Uma rápida incursão nesse tópico propiciará melhor compreensão. Como MDMagno (1986, p.71-4) informa, para Freud os processos *primário* e *secundário* são em realidade o mesmo, diferindo tão somente no quesito articulação. O princípio do *prazer* é a base de tudo e só existe como processo *primário* porque é assim que ele vai se manifestar no falante; e o processo *primário* é o princípio do *prazer*, muito embora o princípio do *prazer* não *seja* o processo *primário*. Mais ainda, o processo *secundário*, origem do princípio da *realidade*, tem sua gênese no processo *primário*, o que significa dizer que ele parte também do princípio do *prazer*.

Essa reflexão nos permite concordar com o lacaniano MDMagno quando, em seus Seminários, ele demonstra que *A Música*, processo *primário*, é uma disposição do aparelho psíquico, e que em nenhum momento existimos fora dele. É sobre ele e na ocupação dele, processo *primário*, que se faz *uma* música ("procura da des-significação numa efervescência do significante enquanto tal", ibidem, p.60).

Essa questão é do maior interesse para o tema que abordamos, bastando-nos considerar que, seja a aprendizagem, a composição, a performance ou a simples escuta musical, todas essas atividades envolvem investimento libidinal. Tendo em conta que as limitações do trabalho pedagógico decorrem da complexidade da psique humana e dos obstáculos próprios ao processo de amadurecimento, e considerando que no processo de seu desenvolvimento o educando se apropria dos resultados de milhares de anos de evolução cultural, cabe viabilizar na educação as múltiplas possibilidades oferecidas pela música.

Como o processo de aprendizagem se subordina à razão que motiva a busca de conhecimento; como o desejo de *saber* se associa, entre outros, ao desejo de *sublimar*, movimento pulsional dirigido para objetos socialmente valorizados, como acontece na atividade artística e na investigação intelectual; como o ato de aprender pressupõe uma relação com outra pessoa ou com alguma figura simbolicamente transmissora do saber e, por último, como o educando pensa com sua mente e seu *desejo*, o exercício da música se revela uma força poderosa, valiosa nesse processo, pois nele nada é gratuito, tudo é significante, principalmente atentando, como já observara Jung, que não é perfeição mas *totalidade* o que se espera do indivíduo (no caso, o educando).

Além de recurso educacional, o *poder* da música vem sendo utilizado com êxito no desenvolvimento e na recuperação de pessoas com necessidades especiais sensoriais e motoras, e doentes mentais, entre outros.

Em relação aos deficientes auditivos, por exemplo, poderíamos concluir que, sem um sistema de percepção auditiva determinado, estes jamais pudessem usufruir do *poder* da música, de seus *usos* e *recursos*. No entanto não é o que acontece, como podemos observar no caso do estímulo rítmico-musical. Como para o deficiente auditivo a música se reduz ao seu esquema primário, ou seja, a uma série de vibrações ordenadas, sua vivência compreende exatamente a percepção dessas vibrações, captadas e transmitidas ao cérebro por outros meios que não os usuais: pela pele, pelos músculos, ossos, sistema nervoso autônomo, sistema de percepção interna, sistema tátil e visual.

O resultado dessa percepção não é absolutamente igual ao que se ouve normalmente – e nem poderia sê-lo! –, mas é suficiente para sintonizar essa pessoa com o mundo que a rodeia e ao qual pertence, tornando sua vida mais rica.

Trabalhando com crianças portadoras de deficiência auditiva em Zurique, utilizando para tanto um repertório musical criteriosamente selecionado, e isso já em 1926, o educador Scheiblauer[5]

---

5 Scheiblauer o conseguiu do mesmo modo que o conseguira A. Porta em Genebra, em 1917, trabalhando com crianças portadoras de deficiências física e mental, e Llonguerras trabalhando com deficientes visuais, em 1918. Todos foram discípulos e seguidores de Dalcroze.

conseguiu desenvolver-lhes o sentido do ritmo e retirá-los do isolamento que sua deficiência lhes "impunha", possibilitando-lhes uma concepção mais ampla do mundo, uma vivência mais rica, mais emocionante, e com maiores possibilidades de expressão (Benenzon, 1971). Tudo por meio do movimento rítmico.

Os deficientes visuais também se beneficiam do *poder* da linguagem musical, considerando particularmente que seus contatos com o mundo ocorrem pela percepção e interpretação do som. Para estes, mais do que para qualquer outra pessoa portadora de necessidades especiais, a música constitui uma experiência de manifesta riqueza, pois é puramente emocional, uma vez que eles não dispõem da *imaginação visual,* capaz de lhes evocar quaisquer imagens.

As pessoas com necessidades motoras especiais, por sua vez, encontram no ritmo musical um recurso de reabilitação por excelência. O ritmo tem ação direta sobre eles na medida em que, em termos embriológicos, o sistema motor é o primeiro a se desenvolver no feto, seguido do sistema sensorial e dos sistemas de conexão. Porque a musicoterapia pode ser entendida como uma comunicação de tipo regressivo, remetendo a etapas nas quais a aparição da atividade motora antecede o controle sensorial, o estímulo rítmico acaba por se potencializar, vivenciado como um elemento que vem de dentro do paciente para fora e não de fora para dentro, como seria no caso do estímulo sensorial. Esse é outro assunto desenvolvido com propriedade por Benenzon, cuja atuação na área da musicoterapia é bastante conhecida dos brasileiros.

É necessário lembrar, neste momento, que as sensações cinestésicas produzidas pela ação do líquido amniótico que envolve e protege o feto suscitam-lhe a *consciência do limite,* que resulta da *resistência* de seu corpo em seu volume, ao fluxo do referido líquido. Essa *consciência* se reflete em muitos desenhos infantis, cujas representações iniciais do corpo humano são concebidas "regularmente sobre um barco ou sobre um areal, no limite que a terra impõe ao mar" (Vasse, 1977, p.80). Por essa razão os primeiros significantes verbais, vocais, apresentam-se ligados a sensações cinestésicas de "tensão e limite", o que corrobora o *poder* da prática musical, o poder do ritmo e do som no desenvolvimento do educando. Mesmo porque é pelo ouvido e pela linguagem que ele recebe o estatuto de sujeito.

Sendo útil aos indivíduos *estressados*, particularmente pelo efeito calmante e relaxante produzido por músicas estruturadas em escalas pentatônicas e construídas com sons de baixa frequência – como os ragas indianos que atuam numa frequência especial, propiciando o que seus cultores chamam de "efeito mágico" –, a música é também útil ao *doente mental*, carente de ordem e sentido no seu psiquismo. A música se compõe de sons organizados que impõem ordem e forma à sua escuta, e essa imposição acaba por favorecer a canalização e estabilização das emoções do doente, tornando-o mais seguro de si. O propósito da vivência musical, então, é levar o doente à *expressão*, utilizando-se para tanto da escuta, do exercício da música e da atividade cinestésica dirigida e ordenada, o que o ajudará a paulatinamente tornar-se senhor de si.

Segundo o musicoterapeuta e educador Antonio Yepes, o *doente mental* encontra, sobretudo no repertório musical contemporâneo, um vasto painel de possibilidades mobilizadoras, sem que em nenhum momento se perca o interesse estético propriamente dito.

> em toda a estética contemporânea (literatura, plástica, música) reconhecem-se três fontes principais: a arte primitiva, a arte infantil e o estilo expressivo dos psicopatas ...; a semelhança assim superficialmente apreciada é evidente. A diferença consiste em que o criador contemporâneo ... tem plena consciência do que faz ..., pode dar a razão de todas e de cada uma das coisas que faz, ditas ou expressas por quaisquer meios que sejam ...; o louco (ao contrário) parece um pintor, um poeta, um músico contemporâneo, mas não o é, não pode sê-lo, não tem consciência do que faz, cria como em sonhos. E aqui tocamos em outra fonte da arte contemporânea, o onirismo da forma. Nela divisamos uma zona da personalidade exposta adequadamente aos recursos da música contemporânea.

Quero dizer que, empregando materiais procedentes da música contemporânea ..., podemos atuar sobre o psiquismo desequilibrado em um nível profundo, estimulá-lo, aquietá-lo. (Benenzon & Yepes, 1972, p.78)

Por outro lado, o som eletrônico apresenta características que provocam no paciente manifestações as mais regressivas. Com o recurso de determinados sons eletrônicos podemos provocar no indivíduo sensações somáticas, reproduzir sons da natureza, sons da vida de relação, de gases, ruídos intestinais, batidas cardíacas, movimentos articulares, enzimáticos (distantes das possibilidades do som tradicional), tornando o seu alcance bem mais extenso.

Na realidade, o som eletrônico é capaz de fazer o que *nunca* qualquer outro instrumento ou qualquer som tradicional foi ou é capaz de fazê-lo. Pode simular, reproduzir, criar atmosferas, gerar múltiplas subdivisões como as propostas por Carrillo, Haba e demais microtonalistas; e é capaz, enfim, de reproduzir todos os sons da natureza, daqueles do universo fetal ao som das esferas. Como lembra o musicólogo alemão Stuckenschmidt (1969), 20 vibrações produzem um determinado som, 21 produzem outro, 22 outro etc., ao passo que 20,1 vibrações produzem um novo som, 20,2 outro, e assim infinitamente, até o limite do impossível. E isso, só a eletrônica é capaz de fazer.

Desse modo a ação do som eletrônico é ampla, podendo estimular imagens ligadas às experiências mais remotas de vida. A música eletrônica caracteriza-se então como um filão de ouro em suas possibilidades de "acesso" ao nosso eu. É como ainda descreve Stuckenschmidt quando pela primeira vez tomou contato com a música eletrônica, no começo dos anos 1950: ele falou de projéteis sonoros que sobem do subsolo mineral até o mundo dos homens, de metais que parecem cantar, de formas técnicas que se convertem em som. Para ele, desencadeou-se uma série de reações, de sensações turbulentas, e um sobre e submundo de associações ameaçadoras passou em vertiginosa visão panorâmica. *Imagens*, pois.

Considerando todas essas questões, entusiasma pensar o quanto o *poder* e o alcance da música se ampliam com o som eletrônico, burlando mecanismos de defesa do eu, atuando em nosso psiquismo em um nível profundo, aproximando o indivíduo de si. Por tudo isso, inferimos que, como suporte da coerência de um saber condensador de representações, a música é poderosa *auxiliar* da saúde física e mental do indivíduo e do desenvolvimento de sua equação pessoal.

Atentando à sua aplicação terapêutica, psicólogos e musicoterapeutas deverão sempre observar a existência de sons que, em razão de determinadas qualidades de que desfrutam e de associações que possam suscitar, são capazes de produzir, em pessoas predispostas, emergência de disritmias latentes, favorecendo até mesmo o diagnóstico de epilepsias temporais.

É desse modo que a utilização terapêutica da música exige dos profissionais o conhecimento da funcionalidade musical, que se situa entre a psicologia do som e a estética da música. Esses profissionais devem também conhecer e dominar as possibilidades perceptivas da música e as transformações que faculta (transformações da impressão do som em uma vivência espírito-anímica), tanto quanto o processo de ressonância (ecos físicos e psíquicos) que é capaz de propiciar.

No campo particular da educação, como vem sendo apresentado neste trabalho, o *poder* da música é significativo, auxiliando e alimentando as condições de desenvolvimento do educando. Se foi apresentado aqui o aspecto terapêutico e educacional da música do modo como se o fez, é porque, embora terapia e educação constituam áreas específicas da atividade humana, ambas propiciam o desenvolvimento do indivíduo em diferentes aspectos – físico, motor, afetivo, mental.

Como toda relação humana, terapia e educação propiciam uma *experiência*, que conduz a um *aprendizado*, que *mobiliza* novas formas de comportamento, como veremos mais adiante.

5
Música, seus usos e recursos

> A música ... é fonte de gratificação;
> (ela) torna possível que os deficientes
> desenvolvam condutas compensatórias,
> proporciona entretenimento e recreação,
> torna possível a aprendizagem, promove
> socialização, fortalecimento das
> defesas, etc. etc. etc.
>
> (E. Thayer Gaston)

Falando sobre *usos e recursos da música*, voltamos os olhos à psicologia, pois ela atenta para o *comportamento* humano em suas relações com o meio físico, social, cultural (e música é uma forma de *comportamento*).

A história registra que, no final do século XIX, a psicologia adquiriu o *status* de ciência com o abandono da ideia de que sua única fonte de conhecimento eram relatos de natureza subjetiva. E isso graças a esforços de estudiosos como os do psicólogo e fisiologista alemão Wilhelm Wundt (1832-1920) e os do filósofo norte-americano William James (1842-1910), apontando o novo caminho e fornecendo uma base lógica para a concepção da psicologia como ciência.

Em 1875, Wundt cria um Instituto de Psicologia Experimental em Zurique, e no ano seguinte inaugura-se o primeiro laboratório americano de psicologia em Harvard, fundado por William James. O alemão Hermann Ebbinghaus (1850-1909), um dos pioneiros do método experimental, volta-se para o estudo da memória enquanto Karl Buhler (1879-1963), outro psicólogo alemão, orienta seus trabalhos no sentido do estudo experimental do pensamento, influenciado pelas pesquisas da escola de Wurzburg. A estes se juntam outros pesquisadores que se debruçam sobre uma questão instigante, a de que os indivíduos se diferenciam, assim como um mesmo indivíduo é diferente segundo as diferentes fases de sua vida.

Simultaneamente introduz-se o conceito de *equação pessoal* e surge a *psicologia individual*. James Cattell (1860-1944) se dedicaria a pesquisas em psicologia diferencial, e Théodore Simon (1873-1961) se voltaria à mensuração da inteligência na criança desenvolvendo, em colaboração com A. Binet, a primeira *escala métrica da inteligência* (1905), assim como o teste Binet-Simon, um notável progresso da *psicologia individual*.

Em fins da década de 1960, com a mudança do paradigma comportamental para o cognitivo, a psicologia experimental, que já havia até mesmo introduzido a teoria do tratamento da informação, passa a ser conhecida como *psicologia cognitiva*. A partir da década de 1970, nova mudança de paradigma, quando então o estudo da psicologia científica em relação ao objeto passa a ser entendido como o estudo dos processos relativos ao percurso mental da informação. Como o conhecimento em psicologia se funda em observações comportamentais, utiliza-se o método experimental e seus modelos psicológicos (modo indutivo e dedutivo), acrescentando-lhes os de indução estatística utilizados em psicologia cognitiva. Daí, as pesquisas em torno da psicologia cognitiva se direcionam para a análise "do processo e do percurso da informação" (Soares, 1993, p.25). Com esses dados e ratificando mais uma vez o conceito de que música *é* uma forma de comportamento, novas conquistas psicológicas se fazem sentir no contexto da *música*, dos seus *usos* e *recursos*.

Como lembra Herrero (1997) citando Gembris, a investigação músico-psicológica dos anos 1970 e 1980 concentrou-se sobretudo na forma como as pessoas utilizavam a música, assim como nas múltiplas funções que esta podia desempenhar. Alguns desses *usos* de há muito perduram em rituais, cerimônias religiosas, tratamentos médicos, atividades guerreiras e no trabalho. Pesquisando o assunto, Merriam (1964) concluiu que a música exerce função simbólica, pelo menos no sentido em que ela representa outras coisas como valores culturais e comportamento humano, por exemplo. Enquanto isso, outros *usos* dessa arte seriam definidos mais perto de nós: música ambiente, música funcional (estimulando o rendimento no trabalho), musicoterapia, com pesquisadores comprovando sua ação biofisiopsicológica, e possibilidades de transformação e saúde.

No processo da escuta musical, uma vez captadas, as impressões sonoras percorrem os nervos auditivos atingindo a superfície do cérebro onde, no lobo temporal esquerdo, na primeira circunvolução temporal esquerda (região da *representação auditiva das palavras* ou *região* de *Wernicke*), dá-se a percepção auditiva. Com o hábito de ouvir música, o indivíduo, mesmo que não receba educação musical específica, acaba por especializar certo número de células da tal região, desenvolvendo aí uma sub-região para compreensão e posterior reconhecimento dos sons musicais (Ribas, 1957, p.55-7). Desenvolvida essa competência, a sensibilidade musical se imantiza em três esferas: *intuitiva, afetiva* e *intelectual*. Segundo o musicoterapeuta Antonio Yepes (Benenzon & Yepes, 1972, p.81-2), a esfera *intuitiva*, eminentemente empírica do ponto de vista perceptivo, é enraizada nas estruturas musicais básicas e constitui patrimônio cultural do ser humano, produto do funcionamento de seu dispositivo psicofísicomusical (audição, memória, fonação, motricidade); a *afetiva* é caracterizada de um lado por uma resposta emocional ao feito musical, e de outro pelo impulso originário do feito musical, e a *intelectual* é a esfera que "registra, retém, compara, conceitualiza" (ibidem, p.82). Ainda segundo Yepes, é natural a disposição do indivíduo diante do som e ritmo musicais. Natural na medida em que o receptor "responde" a estruturas musicais básicas, inerentes ao ser humano (som, ritmo e – quem sabe! – melodia). De tal modo que quando se processa a deterioração mental, por exemplo, esta acaba por afetar primeiro a esfera *intelectual*, podendo as outras duas, a *intuitiva* e a *afetiva*, serem trabalhadas com o recurso da música; nesse caso, a recuperação do paciente vai depender, naturalmente, do grau em que se encontra a deterioração. Claro, como o indivíduo é um todo que pensa, sente e age simultaneamente, a deterioração acaba por afetar "o normal desenvolvimento das capacidades musicais básicas e o fluxo afetivo previsível". Mesmo assim, é possível agir sobre as duas esferas – *intuitiva* e a *afetiva* –, na tentativa de retardar o processo, um dos grandes objetivos da musicoterapia em psiquiatria (ibidem, p.82). Desse modo, empregando materiais musicais adequados, com método, perseverança e um conveniente controle clínico, a musicoterapia acaba por favorecer de algum modo a reabilitação do paciente, considerando-se o estado em que se encontra a desagregação psíquica.

No processo de *ensino-aprendizagem* o educador também deve ter em mente a "ação" das estruturas musicais básicas, uma vez que, se às palavras cabe *traduzir* e explicar *sentimentos*, à música cabe *induzi-los* e *manifestá-los*. Ele deve assim estimular o educando à prática da música, respeitando as diferenças individuais e atentando *sempre* para o fato de que se deve propiciar a todos *uma sólida estrutura de oportunidades*, pois uma das piores heranças é a estrutura de oportunidades. Não é uma herança genética, mas sim social. E como a música não se constitui apenas um recurso de combinação de sons, mas especialmente expressão, gratificação e realização, ela forçosamente interessa à plenitude do ser humano.

Um traçado histórico

> A ciência musical ocupa, desde sempre, a singular posição de escuta poética da natureza.
>
> (parodiando Prigogine)

As primeiras referências da ação da música sobre o homem remontam aos papiros médicos egípcios datados de 1500 a.c., descobertos pelo antropólogo inglês Flandres Petrie, em Kahum, por volta de 1899, e citados por Frances Paperte no livro *Music in Military Medicine, Mental Hygiene* (1946). Esses papiros remetem ao *encantamento* que a música produz sobre as mulheres, "estimulando" sua fertilidade.

O primeiro relato de *aplicação terapêutica* da música encontra-se já na Bíblia (I Samuel 6,23): David tocava a sua harpa para afastar o espírito do mal que se apoderava de Saul, que então se acalmava e melhorava. Hoje sabemos que a música lhe propiciava – sim! – um certo relaxamento, permitindo o apaziguamento das crises de excitação psicomotora que frequentemente lhe assaltavam.

Os gregos foram os primeiros a dominar o que se convencionou chamar de "consciência científica" e foram também os primeiros a se valer da música *sem* implicações mágicas. Concebiam-na como ordem, equilíbrio, harmonia, fruto da razão e da lógica intelectual que procuravam encontrar no mundo, e usavam-na, entre outros fins, para propiciar catarse de emoções, contribuindo assim para o bem-estar do indivíduo.

Já na antiga Grécia encontram-se muitas das ideias modernas a respeito de saúde e enfermidade, envolvidas então numa conotação filosófica, ética, racional, científica, o que significa dizer desvinculadas da magia e da religião; o que é perfeitamente plausível, pois os gregos acreditavam que a razão e a lógica estavam presentes em tudo no mundo. A cura, concebida agora racionalmente, só seria então possível se a enfermidade fosse analisada criteriosamente, segundo princípios lógicos, com diagnóstico correto, tratamento coerente, e seria ainda mais satisfatória se o paciente usufruísse também dos benefícios da música.

Com uma concepção psicossomática da enfermidade, eles acreditavam que, em razão de sua ordem, harmonia e seu equilíbrio estruturais, a música desempenhava papel de extrema relevância na recuperação do indivíduo. Desse modo era aplicada de maneira sistemática para prevenir e curar, como assinala Clotilde Espinola Leinig (1977, p.15).

Dotados de conhecimentos específicos, os gregos valorizavam sobremaneira a arte musical. Ela era usada para curar, para prevenir doenças, males físicos e mentais, para colaborar na educação dos jovens, além do que se dava como certo que ela também apaziguava o estado de excitação sexual das mulheres cujos maridos estivessem ausentes, doentes, na guerra ou mortos. Platão recomendava-a para a saúde da mente e do corpo, para a cura de angústias e fobias, para o desenvolvimento do caráter e da sensibilidade, e aconselhava-a, em *A Política*, como um poderoso recurso de educação e desenvolvimento do caráter do jovem.

Segundo esse filósofo, sua prática deveria ser estimulada sobretudo entre jovens de 14 a 16 anos. Mas, então, apenas duas espécies de música deveriam ser utilizadas: a música *viva, excitante*, adequada à guerra, e a música *tranquila*, propícia à prece, à concentração e à meditação (a música *guerreira* respondia pelo desenvolvimento do espírito, cultivo da justiça, equilíbrio, educação do caráter, além de contribuir para conservar e restabelecer a saúde). Já as melodias lânguidas deveriam ser banidas da República, pois, acreditava, incentivavam a volúpia, a efeminação e a corrupção da mocidade. Por outro lado, como os efeitos suscitados pela música nem sempre correspondiam ao esperado, Platão então recomendava o seu rigoroso controle pelo Estado.

Os gregos absorveram de culturas anteriores o estatuto da música como tratamento. Para Pitágoras e seus seguidores, ela era concebida como uma redução, em frequências, da Música das Esferas, e era caracterizada pelo chamado som cósmico, o que possibilitava ao indivíduo sintonia com o ritmo da vida e com a harmonia do macrocosmo. Essa concepção robusteceu-se e foi divulgada de tal modo que Hipócrates chegou a levar alguns de seus doentes mentais ao *Templo de Esculápio* a fim de que ouvissem música "comovedora", objetivando o restabelecimento de seu equilíbrio psíquico.

Visando ao bem-estar físico e psíquico, visando à saúde, enfim, a prática musical foi continuada pelos romanos. Sacerdotes e médicos fizeram uso dessa "terapia" até a completa cristianização do Império. Com a queda do Império Romano, entretanto, acaba por ruir o espírito científico assimilado dos gregos, quando então os próprios romanos submergem num grande obscurantismo. Mas o espírito científico conseguiria sobreviver na Alexandria, passando depois às mãos dos árabes, que promoveriam a sua ressurreição pelos tempos afora. Os árabes, aliás, já no século XIII faziam uso de "salas de música" em seus hospitais, tendo em vista a saúde de seus internos.

É no Renascimento, período dos mais fecundos e criativos da história da humanidade, que as artes passam a ser consideradas projeção das emoções dos homens. Desvencilhando-se dos laços supersticiosos do espírito medieval, os renascentistas seguem os rumos próprios de uma verdadeira arte de curar, utilizando, em particular, a recreação. A música caracteriza-se agora, racionalmente, como um recurso de saúde, expressão e "comunicação"; e a *meloterapia*, já utilizada nos séculos XII e XIII no tratamento de certas doenças, integra-se à medicina.

Com o sábio suíço-alemão Paracelso (1493-1541), não obstante o caráter fictício de suas teorias que preconizavam uma terapêutica com base em suposta correspondência entre o mundo exterior (*macrocosmo*) e as diferentes partes do organismo humano (*microcosmo*), os entendimentos médicos acabariam por se desligar de antigos conceitos de magia e de práticas ocultas. Desenvolve-se sempre mais o interesse *científico* pelo chamado *poder* da música, por sua ação fisiológica e psicológica, por seus *usos* e *recursos*.

No século XVII, a filosofia mecanicista de Descartes (1596-1650), em conjunto com a "teoria dos afetos" desenvolvida no barroco, que defendia o princípio de que a música reproduz emoções, fomentaria as bases de uma nova ciência, a musicoterapia. Acreditava-se então que os intervalos musicais "podiam expandir ou contrair o *spiritus animale* do corpo, e, portanto, influenciar de maneira direta o estado da mente" (Ruud, 1990, p.17).

No século XVIII, várias obras são escritas apresentando a música como possibilidade de cura para diferentes males. Leibniz (1646-1716), cuja teoria das mônadas e da harmonia preestabelecida objetivou conciliar a física e a matemática *com* a metafísica, deixaria um tratado filosófico, *A música como medicina;* o médico Lorry desenvolveria o conceito de *melancolia nervosa*, dedicando seus estudos ao assunto, e Pierre Buchoz, precursor do chamado princípio do *Iso* (identidade sonora), escreveria *Mémoire sur la manière de guèrir la melancolie par la musique,* livro fundamentado em sua pesquisa sobre a ação da música nas fibras nervosas e no tratamento de doentes melancólicos.

Enquanto isso Felipe Pinel (1745-1826), psiquiatra da Salpêtrière (Paris), empregava-a em tratamentos *recreativos*, e seu discípulo J. E. D. Esquirol (1772-1840), um dos fundadores da psiquiatria moderna, recomendava-a, sustentado na máxima segundo a qual *se a música não cura, ela distrai e por conseguinte alivia* (Ribas, 1957, p.123). Simultaneamente ele também publicava vários textos sobre música e doença mental.

No século XIX Chomet escreve *The Influence of Music on Health and Life*. Discorrendo aí sobre tratamentos realizados com o recurso *auxiliar* da música, ele chama a atenção para o fato de que benefícios à saúde se fazem sentir mais vivamente se, para tanto, o profissional priorizar o gosto musical do paciente, sua história, caráter, temperamento, hábitos e desejos.

Já no século XX, Harriet Ayer Seymour, nos Estados Unidos, enfermeira com histórico de significativos serviços prestados na guerra, e que depois viria a se dedicar à prática da terapia musical, desenvolve um método próprio, o chamado *Método Seymour*, criando também em 1941 a *Fundação Nacional de Terapêutica Musical*. Para ela a música não é propriamente um remédio, mas há certa classe de música que, em determinadas doenças, muitas vezes *cura*, constituindo assim um valioso auxiliar da saúde (apud Ribas, 1957, p.174). A partir de 1935, Izabel Parkman, em colaboração com Laureta Bender, empregaria a música como terapia no Bellevue Hospital (EUA), concebendo-a como prática auxiliar no tratamento das afecções de natureza cardíaca, ortopédica e neuropsíquica, e Wilhen van de Wall e Clara Maria Liepmann, também nos Estados Unidos, ao lado de alguns outros estudiosos, marcam o início formal da *Terapêutica Musical*.

No campo específico da educação, o pedagogo Jacques Emile Dalcroze propõe o descobrimento e contato direto com o ritmo do corpo humano, como o único ponto de partida para a comunicação do indivíduo consigo mesmo e com o meio que o circunda; e atenta Dalcroze para a necessidade de a música ocupar um lugar de destaque na educação em geral, na medida em que o ritmo *musical* e o ritmo *corporal* formam uma verdadeira identidade.

Considerando os ritmos do ser humano, ele prega a necessidade de se favorecer no educando a liberdade de ação e a harmonização das funções corporais com as do pensamento. Dalcroze cria a *ginástica rítmica* e defende o princípio de que a música deve ocupar um papel importante na educação em geral, pois ela responde a diferentes necessidades do indivíduo. O estudo da música, afirmava, é o estudo do próprio ser humano.

Assim, apesar de não ser médico, Dalcroze caracterizou-se como um dos precursores da musicoterapia na medida em que rompeu com esquemas rígidos da escolástica tradicional, possibilitando, com o auxílio da música, o descobrimento e contato direto com os ritmos do ser humano. Seguindo suas pegadas, seus alunos desenvolveriam *Cursos de rítmica* para crianças deficientes, tornando-se pioneiros no processo da terapia do ritmo.

Em 1950 um grupo de profissionais cria a *National Association for Music Therapy*, objetivando o uso da música na medicina e a formação de profissionais em terapia pela música. Em 1958 cria-se na Grã-Bretanha a *Society for Music Therapy and Remedial Music* (depois *British Society for Music Therapy*), sob a liderança de Juliette Alvin. Com o terreno fertilizado, solidifica-se o estabelecimento da musicoterapia como disciplina científica, disciplina paramédica, auxiliar da medicina, da psicoterapia, da terapia ocupacional e da fonoaudiologia, propondo a pesquisa do complexo *som-ser humano*, seja o som musical ou não, em busca de seus diagnósticos e efeitos terapêuticos (Benenzon, 1971, p.14).

Segundo Thayer Gaston (1968), são três os objetivos fundamentais da musicoterapia: o estabelecimento e/ou restabelecimento de relações interpessoais, a conquista da autoestima com o recurso da autorrealização, e o emprego do poder singular do ritmo no sentido de energizar o indivíduo, ajudando-o a organizar o seu comportamento.

Sistema condutal, lógico e psicológico, a musicoterapia está intimamente vinculada às ciências do comportamento, e sua influência resulta do fato de sua base ser tanto cultural quanto biológica.

Pesquisando sua ação em relação aos impulsos do ser humano, registram-se alguns dos múltiplos *usos e recursos* da música, tendo em vista o educando e suas necessidades. A referência aqui tomada funda-se na hierarquia estabelecida pelo psicólogo Maslow (1969):

- impulsos *fisiológicos* (que asseguram a sobrevivência);
- impulsos de *segurança física* (sentimentos de estabilidade e equilíbrio);
- impulsos de *afeto* (de receber, de dar amor e de fazer parte de um grupo);
- impulsos de *autoestima;*
- impulsos de prestígio pessoal (de valorização, individualização);

- impulsos de *autorrealização* (concretização de potencialidades, de aptidões e aspirações do indivíduo). Todos estes impulsos podem ser enfeixados em três grandes grupos segundo níveis de envolvimento:
- *psicossocial*: impulso de sociabilidade e de autoafirmação;
- *psicobiológico*: impulso de autoconservação, envolvendo o impulso sexual;
- *psicoespiritual*: impulso de ação do sentido da existência e de autotranscendência.

A música atende a todos esses níveis. Atende ao *nível psicossocial* em razão de sempre se dirigir a um grupo, real ou subentendido. Juliette Alvin (1965, p.77) afirmava que a música é a mais social de todas as artes, criando "comunicação" entre as pessoas de múltiplas maneiras, uma vez que as experiências musicais baseiam-se em atividades conjuntas, ainda que de modo indireto, quando então um ouvinte desfruta da execução gravada por um intérprete. Assim, o compositor cria para alguém (até mesmo ele) ouvir, o intérprete executa para alguém escutar, apreciar, e o ouvinte escuta, *contempla*, "ressoa" música composta e/ou interpretada por um terceiro.

Isso sem nos esquecermos de que a música também pode ser tomada como auxiliar na dinâmica da psicoterapia de grupo, como já acontecia na clínica do dr. Sidney Mitchell, como vimos no capítulo anterior. No seu trabalho psicoterápico, Mitchell enfatizava o seu uso como agente socializador e indutor de ideias, tanto quanto acreditava que as relações "assentadas e cósmicas" da música tradicional e das canções folclóricas são o meio mais efetivo de integração do grupo.

A música atua no âmbito *psicobiológico* na medida em que, como dizia Piaget, é impossível dissociar aspectos biológicos e sociais quando trabalhamos o desenvolvimento psicológico. "Um fenômeno é sempre biológico em suas raízes e social no seu final. Mas não se deve esquecer também que, no meio, ele é mental" (apud Evans, 1976, p.71).

E finalmente ela corresponde ao âmbito *psicoespiritual*, no sentido em que o ser humano não luta apenas por paz e harmonia, mas também pelo desenvolvimento de suas potencialidades a fim de ser uma pessoa inteira, uma pessoa tão completa quanto possa. A autorrealização *é* uma aspiração humana básica, e a música, propiciando plenitude e satisfação, acaba por dar sentido à vida, *tornando-a existência*. Afinal, o indivíduo não apenas vive, ele *existe*, com seus valores e sentidos.

Em termos de *teoria da aprendizagem*, os teóricos questionam os *usos* e *recursos* da música como uma ação variável e independente, que atua sobre variáveis dependentes como o comportamento e não exatamente como *influência* na "vida interior" do indivíduo (Ruud, 1990, p.19). Com essas preocupações emerge a importância da prática musical, na medida em que há padrões básicos de comportamento que são aprendidos (como comprovam Tinbergen, Lorenz, Von Frisch e Hinde). Como o indivíduo não vive num simples plano homeostático fisiológico, e como a necessidade estética se realiza num plano superior, a prática da música acaba por beneficiar padrões de comportamento que são ativados no seu exercício, por mecanismos de expansão, inatos e adquiridos.

Ademais, se a pulsão é um pressuposto biológico e um processo essencialmente psíquico, a música também envolve um pressuposto biológico e um processo psíquico. Só para dar um exemplo dos mais simples: signos, ideologias, símbolos, repertórios, conflitos, "repercutem" em nossos movimentos psíquicos alimentando respostas somáticas, do mesmo modo que mecanismos enzimáticos, hormonais, bioquímicos "atuam" em nosso corpo, com respectivas repercussões psíquicas. São assim estimuladas mudanças na estrutura interna do organismo, o que, por sua vez, promove mudanças na conduta.

Ora, como a música se revela eficaz como elemento motivador do comportamento, suas possibilidades de disposição e de apresentação se afiguram também amplas, alcançando um ilimitado número de pessoas, enquanto as possibilidades de diversificação de suas atividades tornam possível a satisfação de necessidades individuais.

Assim, uma das funções da música no campo da educação é estimular, criar necessidades, mobilizar, satisfazer, facultar condições para o desenvolvimento do educando. Essa é a sua dimensão psicológica, sua força, estendendo-se sua ação a regiões as quais o simbolismo conceitual não alcança.

Os *usos* e *recursos* da música são particularmente subordinados à ação de seus parâmetros constitutivos e de sua sintaxe relacional. Assim, em termos de *ritmo* o neurologista Robert Jourdain polemiza o conceito tradicionalmente aceito de que este é o aspecto mais natural da música, fundamentando-se nas pulsações do nosso corpo (1998, p.195). Para sustentar a sua polêmica ele recorre à psicologia evolucionária, comprovando que o ritmo, que tem a ver com agrupamento e com reunião de conteúdos em conjuntos discerníveis, *vem da mente e não exatamente do corpo;* e que embora a sua dominância diga respeito ao hemisfério esquerdo, a função rítmica é provavelmente "espalhada por todo o cérebro, apresentando tamanha capacidade de recuperação no caso de lesões cerebrais, graças ao fato de que o tempo é fator que influi em todos os tipos de cognição" (ibidem, p.202).

Jourdain vai além, defendendo a ideia de que o cérebro, sob certos aspectos, é rítmico. Há *relógios corporais* no cérebro, regulados para determinadas durações (inúteis, no caso da música), relógios que programam vários ciclos biológicos como o sono e a vigília. E, a despeito das ondas cerebrais serem rítmicas e de surgirem diferentes padrões rítmicos em distintas partes do cérebro, acrescenta, "as pesquisas não mostram nenhuma correlaçao simples entre as ondas cerebrais e a pulsação da música que está sendo experimentada" (ibidem, p.197).

Mais ainda, recentemente os cientistas conseguiram identificar o chamado *relógio dos intervalos*, responsável pela fabricação de um grande número de pulsações. O *relógio dos intervalos* emprega três tipos de estrutura: a dos *gânglios basais* (massa de neurônios que se estende sob o córtex, importante na iniciação das intenções que antecedem o movimento corporal); a dos *lobos frontais* que restringem a atividade dos *gânglios basais* e estabelecem provavelmente a velocidade da pulsação, e a chamada *substantia nigra*, ponto final do sistema, formado por dois pequenos núcleos que são decisivos no funcionamento adequado dos *gânglios basais*.

E é desse modo que Jourdain ratifica o conceito de que o ritmo vem da mente e não do corpo. O *relógio dos intervalos* (ou algum mecanismo que se lhe assemelhe) seria a fonte biológica do ritmo musical, tudo mediado pelo córtex cerebral, o que é confirmado também por Critchley e Henson (Jourdain, 1998, p.198).

Este assunto interessa particularmente à temática aqui desenvolvida em razão de que o estímulo rítmico, ao qual todos reagem até instintivamente, colabora no equilíbrio e desenvolvimento do educando, já que sua ação dinâmico-energética faculta a emoção do movimento (lento, rápido), afim às primeiras sensações fetais (de movimento).

Em termos de *melodia*, cabe pontuar que o seu "contorno" caracteriza uma das primeiras competências musicais. Resultando e ao mesmo tempo organizando nossos pensamentos, da mesma forma que o ritmo e o metro, a *melodia* articula espaços de tempo com seu fraseado, delimita hierarquias, funde-os em um movimento amplo, criando dessa forma um panorama sonoro. E embora ela não satisfaça apenas em razão de padrões de som, esse é um dos objetivos e a medida de grandeza da chamada música de concerto.

A psicoacústica e a psicologia perceptual não são as únicas responsáveis pelo poder de sedução da melodia, pois sua função vai além de todas as considerações em torno de sua qualidade. Ouve-se música (melódica ou não) pelo que ela nos "diz", por seu simbolismo social e por muitos outros motivos. Por isso Edward Said já assegurava, em suas reflexões, que a música sinfônica representa a síntese da opressão capitalista, que existe uma relação direta entre Beethoven e o Iluminismo, entre Wagner e Schopenhauer, e que só somos capazes de tocar (ou compor) em função de uma enorme série de fatores, muitos deles sociais ou históricos (1992, p.16).

Ainda sobre os *usos* e *recursos* da música, lembremos o que reza o Manifesto dos *Músicos Comunistas Portugueses* em seus dois primeiros artigos:

- enquanto arte a música não é mero divertimento. [Ela] atua sobre a sensibilidade do homem individualmente considerado e contribui para a formação de uma consciência coletiva;
- não se pode subestimar na música nem sua capacidade expressiva nem seu poder de comunicação e mobilização. Ela é produto e reflexo da sociedade e da época histórica, mas é também função atuante no devir da Humanidade. (Carvalho, 1976, p.55)

Em relação a outro parâmetro constitutivo do discurso musical, a *harmonia*, as pesquisas levam a inferir que a aptidão perceptiva para uma escuta "harmônica" não é absolutamente comum, natural, instintiva. Pelo contrário, ela exige conhecimento, iniciação, aprendizagem, prática (aliás, a *harmonia tonal* só existe na música ocidental).

Dessa maneira, a música, eivada de *recursos* psicológicos e musicais propriamente ditos, atende com êxito às diferentes necessidades do educando. O material levantado pelos métodos Orff, Kodaly, Martenot, Dalcroze, Suzuki, Garmendia, Koellreutter, Schafer constitui fonte segura de mediação na educação geral. Músicas infantis, folclóricas e estruturas musicais elementares sustentam um repertório que dinamiza o psiquismo do educando, sua dimensão afetiva e motora, favorecendo o desenvolvimento e a maturação de suas potencialidades. À medida que o repertório musical se amplia e se enriquece, categorias teóricas, experienciais e fenomenológicas são robustecidas, possibilitando a articulação de práticas mais complexas e sempre libertadoras.

O exercício da música alimenta o crescimento perceptual, emocional, social e mental do educando, desde que o educador faça *uso*, com método, conhecimento e pertinácia, de seus *recursos*. Ora, se educar é levar a conhecer, se educar é possibilitar sentir e refletir, o processo educativo acrescido dos *usos* e *recursos* musicais afiança conhecimento e sentimento, este último muitas vezes fora do alcance do pensamento e da linguagem verbal.

A premissa de que se pode, com o auxílio dessa ferramenta, estimular as potencialidades cognitivas e criativas do educando até limites não suspeitados é particularmente fascinante, na medida em que a *emoção* musical pode colaborar na geração de um maior número de indivíduos altamente *criativos*. E isso porque elementos intangíveis como a música influem de algum modo em nossa bioquímica. Pensamos na criatividade *como* algo que nasce com o indivíduo, o que segundo Khalsa (1997, p.32) não é totalmente verdade. Tanto que, se estimularmos, com o recurso da ferramenta musical, o *corpo caloso* que liga os dois hemisférios do cérebro, observamos que a criatividade pode ser animizada, pois a *emoção* musical afeta a bioquímica, e determinadas transformações propiciadas pela bioquímica nutrem a criatividade, lembra Khalsa. "Para mim é surpreendente que tantos aspectos intangíveis da mente possam ser influenciados bioquimicamente. Deus está nas moléculas", acrescenta o médico, parodiando Mies Van der Rohe.

Por outro lado, pensando em termos de memória, vem à mente a creditada teoria de Khalsa de que ela é também implementadora da criatividade:

> o cérebro faz um "inventário" de tudo o que sabe sobre um assunto, e depois junta todos os elementos distintos desse conhecimento de uma maneira *inventiva* (ou seja, criativa). Para fazer isso bem, a pessoa deve ter domínio sobre sua capacidade de *recordar*, como também ter condições de *concentrar-se* em suas memórias. (1997, p.161)

Essa é uma questão importante e sedutora, considerando que música envolve criatividade, escuta, memória, expressão, *sentimento e emoção*. E como ensina Gendlim, um dos teóricos da Psicologia da Aprendizagem, a experiência básica que temos do mundo é *emocional*, o que vale dizer que essa experiência é sentida antes de ser compreendida. Quem sabe a diferença entre pessoas criativas e não criativas resida mais precisamente aí, no fato de as primeiras darem significativa atenção à dimensão experiencial e *emocional* do conhecimento, ao contrário das segundas?

É considerável também a contribuição de Piaget nesse terreno. Lendo Piaget (1977), aprendemos que os processos de pensamento envolvem uma organização lógica; que o pensamento constitui uma *ação* interiorizada; que *ações inteligentes* são regidas por leis de totalidade e *equilíbrio*, a exemplo dos organismos vivos; que seu funcionamento interno, além de organizado e equilibrado, é capaz de operar movimentos sequenciais e que as propriedades essenciais do funcionamento intelectual são sempre as mesmas, a despeito da ampla variedade de *estruturas cognitivas* que esse funcionamento gera.

Para Piaget, as *invariantes funcionais* básicas que norteiam a sua teoria são duas: a *organização* e a *adaptação*, com a *adaptação* admitindo por sua vez duas tendências opostas – *assimilação* e *acomodação*. Em termos de música, as funções de *assimilação* e *acomodação* correspondem aos conceitos de *informação* e *redundância* desenvolvidos na Teoria da Informação.

Considerando o esquema funcional da *adaptação* como paradigma de qualquer desenvolvimento racional, Piaget levanta aí duas atividades cognitivas primárias, o *brinquedo* e a *imitação*, lembrando que as funções de *assimilação* e *acomodação* não se encontrariam *inicialmente* em equilíbrio. Enquanto no *brinquedo* temos primazia da *assimilação* sobre a *acomodação* (o que quer dizer adaptação da realidade ao eu), na *imitação* temos o inverso, primazia da *acomodação* sobre a *assimilação* (adaptação do eu à realidade).

O resultado é a caracterização da atividade lúdica como fundamentalmente informativa, ao passo que a imitação vai se caracterizar como fundamentalmente redundante. Com o desenvolvimento da criança, lembra o psicólogo, essas duas atividades fundem-se num todo complementar.

Posteriormente esses movimentos cognitivos primários vão também alimentar esquemas fundamentais da criação musical, o que entretanto não é abordado por Piaget, já que a música não foi objeto de suas pesquisas. Desenvolvido na infância, o esquema se manifesta no universo da música como uma busca de equilíbrio entre a tendência de *brincar com sons* e a de *repetir sons*. E aí ganha transparência uma das propriedades mais significativas da *assimilação:* sua disposição natural à *repetição*, ou seja, a recorrência de um mesmo padrão de comportamento no funcionamento cognitivo, como parte dos "invariantes funcionais" elementares que precedem as estruturas lógicas. Outros esquemas funcionais seriam analisados por Piaget mediante as invariantes de *assimilação* e *acomodação*, não cabendo entretanto aqui a sua abordagem.

Cabe acrescentar, a propósito da música, que um indivíduo caracterizado por pleiteada estrutura cognitiva, embora intelectualmente compreenda e domine determinada passagem musical, pode não ser capaz de cumprir todas as tarefas exigidas para a sua realização, pois a performance carece não apenas da aprendizagem específica dos movimentos necessários à sua realização como, particularmente, da maturação do organismo que atua.

Não obstante, o equilíbrio a ser conquistado entre a tendência de *brincar com sons* e a de *repetir sons* propicia crescimento e desenvolvimento, individual e musical. Sendo a música uma linguagem perceptiva por excelência, entendê-la e exercitá-la equivale aos conceitos de compreender e falar. Compreender a linguagem que lemos e *escutamos*, vivenciar seus múltiplos sentidos, integrar seus aspectos sensoriais, afetivos, intelectuais e estéticos, contrapontá-los com outras matrizes de conhecimento e integrá-los ao comportamento, são esses os objetivos básicos do que entendemos da música como ferramenta auxiliar da educação.

Segundo Gonzalo Brenes (1954), o desenvolvimento musical da criança se processa em quatro grandes fases assim consideradas:

- fase do *ritmo*,
- fase da *melodia*,
- fase da *harmonia*,
- fase da *forma*.

Na primeira fase a criança é suscetível ao ritmo musical e reage ao seu estímulo por meio da dança; na segunda fase ela se revela também sensível à beleza do contorno melódico; na terceira, a criança se interessa pelos efeitos harmônicos gerados pela simultaneidade de sons e na última ela vivencia, com certa autonomia, formas musicais elementares.

Segundo o musicólogo Nettle (Noy, 1996), a construção de músicas infantis criadas espontaneamente segue a mesma ordem daquelas desenvolvidas pelas tribos primitivas. O primeiro canto da criança, segundo ele, é construído numa extensão intervalar que não vai além de uma 2ª maior ou uma 3ª menor, ao passo que a concepção rítmica envolve geralmente uma sequência de valores pequenos e iguais, seguidos de um valor maior, como no tema inicial da Quinta Sinfonia de Beethoven:

Os *usos* e *recursos* da *música* envolvem também uma ação terapêutica que beneficia grande número de deficientes, sejam eles auditivos, motores, visuais, mentais, como aliás já procuramos ressaltar. Para os *deficientes auditivos*, por exemplo, o fenômeno musical se reduz ao seu esquema primário, ou seja, a uma série de vibrações ordenadas, captadas e transmitidas ao cérebro por canais diferentes daqueles dos indivíduos considerados normais:

pela pele, músculos, ossos, sistema tátil, visual, como se o indivíduo fosse um todo sensorial.

Em muitos *deficientes auditivos* as vibrações são apreendidas particularmente pela zona umbilical, centro de um importante conglomerado do sistema nervoso autônomo, o conhecido plexo solar. Essa percepção não responde exatamente ao que comumente ouvimos, mas ela é, decerto, suficiente para garantir um maior contato do deficiente com o mundo que o rodeia.

Os *deficientes visuais* se beneficiam dos *usos* e *recursos* da arte musical porque seus contatos com o mundo se dão exclusivamente mediante a percepção e a interpretação do som. Para eles essa é uma experiência das mais gratificantes, pois é puramente emocional. Como o *deficiente visual* não dispõe de imaginação visual, são-lhe vedadas *evocações* de imagens mentais, e a música, portanto, desempenha o papel de *facilitadora* da percepção e de seu desenvolvimento.

Deficientes *motores* também encontram aqui um estímulo significativo por excelência, na medida em que o sistema motor é o primeiro a se desenvolver no feto. Como a atividade motora precede a sensorial, é natural que a música (ritmo musical) seja tomada como um estímulo (motor) que vem de dentro para fora e não de fora para dentro, desempenhando assim forte ação sobre o indivíduo.

Já o deficiente *mental* responde de maneira positiva a esse estímulo, pois enquanto o ritmo favorece disciplina e coordenação, a melodia mediatiza a expressão emocional e a harmonia estimula ordem e lógica ao pensamento, alimentando de alguma forma o equilíbrio das funções psíquicas.

Influências musicais

> Depois do prazer preliminar,
> a obra "alivia certas tensões"
> de nossa psique profunda.
>
> (*Freud*)

O indivíduo é uma unidade biológica e cultural por excelência: de um lado opera e funciona de acordo com princípios da biologia, e de outro define-se como um ser cultural por natureza, natureza esta que é resultado do que está dentro e fora de si. O que significa dizer que a parte da cultura humana chamada de *música*, produto exclusivamente humano, é também formada de uma dimensão biológica e cultural.

Para Thayer Gaston (1968, p.34), o ser humano, com seu cérebro de bilhões de células, não só organiza os estímulos que lhe chegam e lhe informam sobre o meio, como também cria novos desenhos e novas formas para empregá-los. Desse processo parece derivar seu sentido estético, pois nenhuma cultura jamais se satisfez apenas com os sons que a natureza oferece.

Como os organismos são impulsionados por necessidades, incluindo aquelas que conduzem à expressão estética (Masserman, 1955), o homem vem criando novos sons ao lado de sistemas musicais que, se "de modo geral são predominantemente rítmicos", não excluem ricas possibilidades melódicas, harmônicas, sonoras e tímbricas. Desse modo, qualquer que seja o propósito, a música sempre se relaciona com o indivíduo como um todo!

Através dos séculos, filósofos, médicos, psicólogos e teóricos tentaram explicar o mecanismo das respostas humanas à música, constatando-se sempre quão difícil é dissociar nessas respostas os efeitos fisiológicos dos psicológicos. Ainda assim os pesquisadores oscilam entre duas teorias:

- a primeira (com o movimento indo do psicológico ao fisiológico) afirma que a música afeta primordialmente as emoções e desperta estados de ânimo que acabam atuando sobre o corpo;
- a segunda (com o movimento indo do fisiológico ao psicológico) defende o processo inverso.

Essa segunda teoria é compartilhada pela filósofa contemporânea Susan Langer, para quem a excitação nervosa origina a emoção. Langer informa que amiúde fazem-se comparações entre as formas da música e a dos sentimentos, concluindo ao mesmo tempo que a música manifesta, sim, esquemas de calma e excitação que ocorrem nos tecidos nervosos (fonte física da emoção), e que o som afeta o sistema nervoso autônomo, base da reação emocional. Mas em realidade os dois processos se inter-relacionam, pois o homem é um todo, como aliás ensina a Gestalt.

E é assim que a linguagem musical repercute fisiológica e psicologicamente no indivíduo, seja por sua condição de *vibração sonora* (e o efeito dos sons sobre o sistema nervoso é fato de observação diária), seja por suas *relações sonoras*, seja por suas características psicológicas de *aconceitualidade* e *indução*, já tratadas neste livro.

Pesquisando Alvin (1966, 1967), Benenzon (1971, [Benenzon & Yepes] 1972, 1988), Gaston (1968), Ruud (1990), Langer (1989), Howard & Lewis (1974), Evans (1976), Lécourt (1996), Willems (1979), Gardner (1994), Mezan (1990), Khalsa (1997), entre outros, sintetizamos aqui algumas das influências da música sobre o ser humano:

- A MÚSICA EXERCE AÇÃO PSICOFISIOLÓGICA no receptor, ensejando a experiência de reações sensoriais, hormonais, fisiomotoras e psicológicas propriamente ditas.
- EM TERMOS DE AÇÃO FISIOPSICOLÓGICA, tem-se como certo que a bioquímica e o comportamento se inter-relacionam. A emoção musical influencia ambos, e ratifica-se a assertiva de que música é uma forma de comportamento.
- ainda CONSIDERANDO A AÇÃO ESPECIFICAMENTE FISIOLÓGICA, Charles Diserens (*The Influence of Music in Behavior*), em 1936, já assinalava que a música repercute fisiologicamente sobre o indivíduo; mas a direção e a correlação recíprocas dessa repercussão ainda hoje parecem constituir matéria de discussão. Os seguintes pontos, entretanto, são geralmente aceitos por todos, como registra Carvalhal Ribas (1957, p.80-3):
  - a música mexe com o metabolismo (Tarchanoff, Dutto); atua sobre a energia muscular (Férè, Tarchanoff, Scripture); acelera a respiração e diminui sua regularidade (Binet, Guibaud, Weld);

determina efeito acentuado mas variável sobre o volume sanguíneo, o pulso e a pressão arterial; abaixa o limiar em relação a estímulos sensoriais de diversos tipos; participa das bases fisiológicas da gênese das emoções (James-Lange) e repercute sobre as glândulas de secreção interna (Cannon);
- ela atua no córtex cerebral, no sistema neurovegetativo, no ritmo cardíaco e amplitude respiratória segundo experiências de Raul Husson, Fraisse e Dogiel, pesquisadores que fizeram uso, para tanto, de um encefalograma, um dispositivo capaz de registrar o reflexo psicogalvânico da pele, e de medidores do ritmo cardíaco e da amplitude respiratória;
- o som age sobre a circulação sanguínea conforme experiências do russo J. Dogiel, que fez uso de um diapasão em suas experiências. Fazendo executar sons isolados ele testou sua estimulação nos homens e nos animais, mediu a pressão sanguínea e a atividade cardíaca de ambos, e chegou à conclusão de que as reações são mais intensas nos animais e mais variáveis nos homens.
- O SOM E RITMO (CO)MOVEM o ser humano, e isso desde a fase intrauterina, uma ação que se estende pela vida afora. O mundo do feto é de vibração, um mundo de sons, de movimentos e ritmos que impressionam o seu sistema de percepção. Recém-nascido, a audição começa a se estabelecer mais ou menos a partir da segunda ou terceira hora de vida, quando então as reações do bebê são mais relacionadas à intensidade e menos à qualidade do som. A partir do quarto mês (há quem assegure que a partir do segundo), o estímulo auditivo já proporciona efeitos agradáveis e/ou desagradáveis ligados *também* à qualidade dos sons;
- EM TERMOS DE INCONSCIENTE, Chneiderman (1989) informa que o som funda e nutre o inconsciente em sua aparição precoce, com a mãe exercendo o papel de mediadora entre a criança e o objeto, e de "facilitadora" de trocas significativas do bebê com o meio;
- A MÚSICA TEM AÇÃO PRECÍPUA NA ATIVIDADE MOTORA. Esse estímulo mexe com a respiração, a circulação, a

digestão, a oxigenação, o dinamismo nervoso e humoral, a marcha das operações mentais; induz reações positivas e negativas e cria *consciência do movimento*. A música rítmica tem ação em nossa capacidade de trabalho, aumenta e diminui a energia muscular, reduz e retarda a fadiga e favorece o tônus muscular, como pesquisou o fisiologista Férè com o recurso do ergógrafo de Mosso. De suas investigações, Férè concluiu também que são os estímulos rítmicos, antes de quaisquer outros, que conseguem "aumentar" o rendimento corporal. O modo, o caráter e o gênero de um texto musical, independentemente até mesmo do ritmo, estimulam um significativo rendimento, mas é o ritmo o estímulo mais relevante.

Lembramos já em outro momento que, dentro de determinada cultura, ritmos vivos e modos maiores seriam mais estimulantes, ao contrário dos ritmos lentos e modos menores. Cabe entretanto acrescentar que no Eloise Hospital (EUA), Ira Altshuler (apud Ribas, 1957, p.149) observou em seu trabalho musicoterápico, paradoxalmente, que vários pacientes deprimidos saíam desse estado com mais rapidez, se estimulados com música de caráter triste e em tonalidade menor, o que não acontecia se fossem tratados com música viva e em tons maiores. Ao mesmo tempo, pacientes maníacos, cujo tempo mental é mais rápido que o dos demais, eram mais prontamente estimulados com uma peça musical em andamento *allegro,* ao contrário de um *andante,* o que lhe possibilitou inferir a necessidade de sempre atentar para as diferenças individuais.

- HÁ RELAÇÕES ENTRE MÚSICA E RITMO HUMANO, PULSO E TEMPO MUSICAL, como pesquisou Susan Langer, concluindo que há certos aspectos da chamada vida interior e da vida física e mental que apresentam propriedades formais similares às da música: esquemas de movimento e repouso, de tensão e distensão, de preparação, satisfação, excitação e relaxamento.

- A MÚSICA ATUA EM NOSSAS FUNÇÕES ORGÂNICAS, como pesquisou o fisiologista Haller (1708-1777), comprovando que o sangue jorra mais vivamente de um vaso aberto, em pessoas predispostas, em razão da hipertensão arterial provocada por rufar de tambores. Outros trabalhos, como o do compositor francês Grétry (1741-1813), confirmam que, quando cantamos mentalmente um trecho de música, o ritmo cardíaco tende a se conformar com o ritmo do canto mental. Todos esses trabalhos são expostos por Carvalhal Ribas (1957).
- A MÚSICA PODE ESTIMULAR NA MENTE IMAGENS CINESTÉSICAS, imagens de movimentos que parecem mesmo reais. Ao ouvir música podemos experimentar a sensação de executar movimentos.
- A MÚSICA ALIMENTA O PODER DA ATENÇÃO prolongando essa capacidade, em pessoas predispostas, por períodos mais longos do que o provocado por determinadas drogas.
- A MÚSICA ABAIXA O LIMIAR EM RELAÇÃO À DOR E À TENSÃO PRÉ-OPERATÓRIA como aliás já havia sido assinalado no *II Simpósio Internacional sobre o uso da Música na Medicina*, em Ludenscheid, Alemanha. Aproximadamente duzentos especialistas se reuniram na época para discutir o tema. Um dos trabalhos apresentados tratou das vantagens da música em centros cirúrgicos, particularmente a ação que ela provoca para minorar dores e angústias. Os especialistas demonstraram também que, ao contrário da anestesia, a música não se limita a obnubilar o córtex cerebral, pois, ao penetrar ainda mais fundo nos centros inferiores do cérebro, ela acaba por tranquilizá-lo, *naturalmente*, sem os efeitos da anestesia.
- A MÚSICA CONSTITUI RECURSO CONTRA O MEDO E A ANSIEDADE, além de uma defesa contra situações paranoides e melancólicas, como foi demonstrado por Benenzon (1971, p.70) no Hospital Neuropsiquiátrico de Buenos Aires, em sessões de psicoterapia com esquizofrênicos crônicos.

- A MÚSICA SATISFAZ ALGUMAS DE NOSSAS NECESSIDADES INCONFESSADAS E INSATISFEITAS, permitindo que vivamos uma experiência na qual fantasia e realidade se encontrem intimamente ligadas. Um exemplo dessa ação é a do rock, música que fala diretamente aos adolescentes. As melhores bandas, The Who, Rolling Stones, e mesmo bandas do gênero hard-rock, parecem mergulhar no centro das paixões dos jovens procurando transformar seus sentimentos em uma experiência artística ou até mesmo religiosa, segundo declaração de Pete Townshend, líder do grupo The Who;
- A MÚSICA É TAMBÉM UM EXCELENTE RECURSO DE CATARSE na medida em que favorece a expurgação de emoções e sentimentos que não conseguimos expressar verbalmente, pois a fala nos aproxima demasiadamente de emoções que, muitas vezes, atemorizam. Atuando então como objeto intermediário, a música mediatiza a expressão emocional do indivíduo sem desencadear estados de alarma intensos, o que provavelmente propiciaria desarticulação. Ao mesmo tempo, age como *facilitadora* de comunicação, assegurando a desejada verbalização, seja de forma simples, primária, direta (grito, sussurro), pura resposta instintiva ao som, seja, num segundo momento, de forma mais consciente, como recurso projetivo-sonoro pelo qual o indivíduo está pronto a falar de si e de suas emoções.

Daí que ela constitui indicação primeira e única no caso de indivíduos com dificuldades de comunicação verbal como autistas e catatônicos, por exemplo, já que ela enseja a abertura de novos canais de comunicação, facilitando a introdução de outros tipos de terapia.

- COMO PRODUÇÃO ESSENCIALMENTE HUMANA, a música fala diretamente ao corpo, à mente, às emoções, estimulando à ação e "mexendo" com nossos tempo, espaço e movimento psíquicos.

- COM ACESSO AO SISTEMA LÍMBICO, lugar onde mente e corpo se interconectam, lugar onde o pensamento encontra a emoção e onde o sistema endócrino faz uma interface com o cérebro, a música "sensibiliza" o *cérebro emocional*, o que vale dizer que interessa ao *sistema límbico*, de tal modo que, como atividade emocional, seu poder é aí imantizado. O *sistema límbico* envolve o *hipocampo* (centro de memória do cérebro), a *amígdala* (principal área de processamento das memórias emocionais), o *hipotálamo* (que, ligado à amígdala, envia suas mensagens à hipófise) e o *tálamo,* centro de retransmissão das mensagens sensoriais para os centros de processamento do cérebro, áreas tão importantes que são consideradas mesmo um "segundo cérebro". Se o hipocampo governa especialmente o armazenamento de fatos não emocionais (*memória semântica*), o sistema límbico, *cérebro emocional,* receptivo à influência da música, tem como uma de suas mais importantes tarefas decidir sobre o armazenamento de um determinado dado (memória). Para tanto, "dialoga" com o neocórtex a fim de determinar se a lembrança a ser gravada é importante o suficiente para que se processe seu armazenamento permanente no neocórtex. Essa ação ratifica mais uma vez a influência da música na memória (Khalsa, 1997, p.121-7).
- A MÚSICA ESTIMULA A CRIATIVIDADE, observando-se que, em pessoas consideradas criativas, a sinestesia[1] tende a ser bem mais intensa (a sinestesia parece ser um fenômeno essencialmente psicológico). Diz-se que Vladimir Nabokov possuía a chamada *audição colorida;* que a pintora Georgia O'Keeffe era capaz de "ver" a música, e que para Jerry Garcia as notas musicais assumiam corpo, forma e cor. Ao mesmo

---

1 Sinestesia, cruzamento de sensações diferentes numa só impressão. Relação espontânea que se observa (e que varia de acordo com os indivíduos) entre sensações diversas: um cheiro que evoca uma cor, um som que se associa a um cheiro, por exemplo.

tempo, acredita-se que um elevado potencial sinestésico parece propiciar o desenvolvimento de maior capacidade de memorização. Não se descobriu ainda por que a sinestesia auxilia a memória. Supõe-se no entanto que seja em razão da possibilidade do processamento de maior número de associações de ideias perante os estímulos sensoriais e as lembranças suscitadas pelo fenômeno.

- O EXERCÍCIO DA MÚSICA FOMENTA A MEMÓRIA e, como afirmam os psicólogos, memória e pensamento reclamam o funcionamento de várias áreas do cérebro, que pertencem muitas vezes a lobos diferentes.
- A MÚSICA ESTIMULA A INTELIGÊNCIA tanto no domínio do *cérebro-racional* (neocórtex) quanto do *cérebro-emocional* e do *cérebro-sentimental* (sistema límbico), todos constitutivos do córtex, embora exerçam funções diferentes.
- A SUA PRÁTICA ESTIMULA O EQUILÍBRIO AFETIVO E EMOCIONAL num plano psicológico profundo, propicia um sentimento de bem-estar, de calma, relaxamento, sobretudo quando o texto musical, objeto da escuta, faz uso de escalas pentatônicas, melodias em registro grave e tons de baixa frequência.
- A MÚSICA BENEFICIA UM DESEJADO PROCESSO DE AUTORREALIZAÇÃO E SATISFAÇÃO, pois sua prática envolve *desejo* (no sentido freudiano do termo) e modos de relação com a pulsão. O exercício da música possibilita uma presentificação do desejo, assim como alguma inteligibilidade sobre as nuances do subjetivo.
- COM PODER DE EVOCAR, ASSOCIAR e INTEGRAR EXPERIÊNCIAS, ela mexe com nossos tempo, espaço e movimento psíquicos e favorece a emergência de material inconsciente, aproveitado no trabalho de musicoterapeutas e psicólogos em favor do próprio paciente.
- Interessando à vida consciente, A MÚSICA ENVOLVE TAMBÉM O INCONSCIENTE, pois, como afirmava Freud, no inconsciente

nada pode ser encerrado. Desse modo, sem nunca dizer, nunca conceituar, nunca descrever, a música não nos fala só do outro (discurso musical), mas do outro dentro de nós.

- De mais a mais, FAVORECE O INDIVÍDUO em razão de seus múltiplos estímulos, biológicos, fisiológicos e psicológicos. Daí que, "fazendo" música, escutando, cantando, vivenciando, o indivíduo acaba por influir no ritmo de seus pensamentos e emoções, na harmonia de sua saúde corporal e mental. E é assim que "a música pode mudar o comportamento de uma pessoa" (Lécourt, 1996, p.20). Como sua prática participa da satisfação de necessidades emocionais básicas, não há como negar sua influência positiva sobre o educando. Entretanto, devemos ter sempre em conta que, se seu emprego atende a diferentes necessidades, os objetivos pretendidos com sua utilização devem ser criteriosamente estabelecidos e observados em razão de que a música não assegura apenas efeitos benéficos. Basta lembrar a questão da *música ambiente,* hoje tão utilizada, cujos resultados são danosos ao organismo e psiquismo humanos se empregada de forma arbitrária. Afinal, somos sensíveis a determinados sons (irritantes, agudos demais, estridentes), e mesmo que não estejamos conscientes de seus efeitos, ainda assim o organismo pode sofrer prejuízos que vão se traduzir, entre outros, em dilatação da pupila, maior produção de hormônios pela tireoide, aumento da adrenalina pelas glândulas suprarrenais, aceleração do ritmo cardíaco e aumento da pressão arterial, com interferência na comunicação e redução da eficiência no trabalho ou em qualquer outra atividade, física ou psíquica. Isso sem olvidar os casos (felizmente raros) de *epilepsia musicogênica,* uma forma de epilepsia reflexa que pode ser desencadeada em indivíduos predispostos, pelo estímulo musical (a *epilepsia fotogênica* é mais comum). Segundo Crithley, a música seria aí o desencadeador dos ataques epilépticos. Benenzon apresenta a mesma ideia em um longo capítulo sobre as contraindicações da música (Benenzon, 1971, p.113-26). O fenômeno se caracteriza em sua gênese como *epilepsia acústico-motora*, comportando três tipos de reação: o primeiro, uma resposta à surpresa ou susto causados pelo estímulo; o segundo, uma reação a estímulos musicais intoleráveis, *evocadores* de situações traumáticas ou produtores de mal-estar, seja pelas qualidades específicas do som, seja por associações mnêmicas; e o terceiro tipo, provocado pelo estímulo musical de caráter monótono. Na *epilepsia musicogênica*, lembra Crithley, a música é o elemento catalisador do episódio, quando então o indivíduo passa facilmente da sugestão à inconsciência imediata. Acrescente-se que hoje vem sendo comprovada a existência de sons com propriedades alucinógenas, produzindo efeitos semelhantes aos provocados por determinadas drogas, o que obriga o educador a não dispensar o conhecimento de especialistas quando necessário.

- FORMA DE SUBJETIVAÇÃO possibilitando a inscrição da singularidade do sujeito na cultura, a música, linguagem[2] completamente diferente da verbal, confirma a existência de outras formas de pensamento que se caracterizam como linguagens, sobretudo considerando-se a afirmação de Freud de que o inconsciente é lugar da realidade psíquica. Essa afirmação ratifica a possibilidade de instauração de uma forma de pensamento que não a forma racional, e nesta *se inclui o pensamento musical*.

Podemos assim afirmar que a linguagem musical reúne significantes, entendidos não no sentido usual da palavra, mas significantes singulares, próprios, válidos para "aquela" obra específica. E mais, como a música só se completa na escuta, o educando acaba por responder ao seu estímulo com uma intersubjetividade

---

2 Linguagem é tomada, aqui, como tudo o que possibilita a expressão de nossa interioridade, como já dito.

cujas possibilidades de sentido são tributárias da dimensão afetiva inerente à relação com o movimento musical. Ou seja, a escuta musical é atravessada por um sentido próprio ao sujeito da escuta.

- E por fim, ligada ainda à questão anterior, A MÚSICA PROPICIA UM LUGAR PSÍQUICO DE CONSTITUIÇÃO DE UMA ESTÉTICA DA SUBJETIVIDADE, uma vez que o investimento em atividades musicais favorece "a constituição de uma dialética da alteridade por meio da inscrição da pulsão no campo da cultura" (Bartucci, 2000, p.16).

6
Música e educação

> Um dos problemas para a compreensão do comportamento humano vem do fato de que em alguns aspectos cada indivíduo é diferente do outro; em outros o indivíduo é semelhante a algum outro, e ainda em outros ele é semelhante a todos os outros.
>
> (*Nikolas Tinbergen*)

O tema *Música e Educação* remete a trabalhos de psicólogos, neurologistas, estetas e educadores como João-Francisco Duarte Jr. (1981), Maria Cristina Kupfer (1989), Jean Piaget (1983), Harry Harlow (1949), David Krech (1946), Oliver Sacks (1988), Howard Gardner (1994), Pierre Lévy (1999), Hans-Joachim Koellreutter (1990) e Murray Schafer (1991).

Considerando as investigações desses pesquisadores e nossas próprias experiências, privilegiamos na educação o *sentir* e o *pensar* como premissas do conhecimento, atentando simultaneamente para o fato de que somos um ser integrado e que vivemos imersos num universo cultural que compreende múltiplos valores e diferentes visões do ser humano.

Privilegiamos também pedagogias que se incorporam a estratégias cognitivas, artísticas e *musicais*, tendo em conta que a prática da música não só fornece condições para a compreensão e expressão de um fluxo de ideias e emoções como permite que os educandos operem semióticas que resultem em sentido para suas vidas.

Nesse processo torna-se necessário o *diálogo* entre disciplinas e procede a colaboração de educadores *musicais*, conhecedores de um domínio específico que, por sua *dimensão estética*, fala ao indivíduo como um todo, alimentando sua capacidade criadora e sua singularidade.

Abdicando das dimensões *estética* e *emocional* que o exercício da música integra, o que temos como resultado em particular hoje com a invasão da tecnologia nas escolas, é uma possível limitação do educando a um neotecnicismo muito mais voltado às forças do mercado que às pessoas e às comunidades.

Para além da lógica e do pensamento rotineiros, dominando procedimentos libertadores e otimizando funções cognitivas e criativas, a vivência musical que se pretende na educação não diz respeito apenas ao exercício de obras caracterizadamente *belas*, assinaladamente *bem feitas*, mas sim a todas as que *motivem* o indivíduo a romper pensamentos prefixados, *induzindo-o* à projeção de sentimentos, auxiliando-o no desenvolvimento e no equilíbrio de sua vida afetiva, intelectual, social, contribuindo enfim para a sua condição de ser pensante.

E se, como fala o pedagogo Rubem Alves (apud Duarte Jr., 1981, p.11), a educação é atividade irmã do brinquedo e da arte, educar é acima de tudo

> relembrar o paraíso perdido é anunciar a possibilidade da alegria, é rejeitar as experiências fragmentadas e buscar a experiência perdida da cultura dilacerada pela sistemática administração centralizada da vida, que em nome da eficácia quer gerenciar todas as coisas.

Atentando por unir na arte o eu limitado do educando a uma existência humana coletiva, e por tornar social a sua individualidade (Fisher, 1983), o projeto educacional deve ser alimentado de mais esta ferramenta, a *musical*, estimulando o educando a *ser o que é*. Ainda que o signo nunca seja neutro ou inocente como diria Barthes (1982), a ferramenta musical *liberta* na medida em que, não sendo conceitual, possibilita ao educando estruturar *valores* dentro dos inúmeros expostos e propostos no universo cultural, possibilitando-lhe atribuir significação, ao mesmo tempo que estabelece um sentido para a sua existência.

Ora, se, como lembra Rubem Alves, atribuir significação decorre de nossa dimensão simbólica (e música também envolve signos simbólicos), na gênese do conhecimento está a *palavra* que sustenta a *linguagem*, está a *consciência* que nasce com a *linguagem*, está a *música*, que é *linguagem não verbal*.

Se a região do *sentimento*, que é anterior ao pensamento, envolve veios perceptivos e emocionais que a palavra *jamais* consegue abarcar ou declinar totalmente, seu conhecimento e expressão são passíveis de serem comunicados pela linguagem musical, pois esta excede o pensamento discursivo. Só o exercício da música concretiza os *sentimentos* de maneira global, abrangente, apresentando aspectos e maneiras de nos sentirmos no mundo (Duarte Jr., 1981). Desse modo, tendo em conta que o mundo não é só o que *pensamos* mas também o que *sentimos*, infere-se que o que *sentimos* habita aquela região particularmente humana, quase sempre só acessível à arte, à *música*.

É esse o eixo das presentes reflexões, atentando particularmente para o fato de que já antes de nascer somos constantemente afetados pelo meio (que envolve som, vibração, ruído, *música*), e que a música, potência que mobiliza, integra sentidos, razão, sentimento, imaginação, mexe com o nosso eu, e contra isso somos relativamente indefesos.

Em nossa experiência como musicista, educadora e pesquisadora, concluímos pela necessidade da música como ferramenta auxiliar do processo educacional escolar, processo compreendido aqui de forma ampla, estendendo-se para além dos muros da escola com seus sistemas linguísticos e técnicos, indo da voz, da escuta, dos livros, do vídeo e do computador às relações emocionais, hierárquicas e sociais.

Como a educação é um processo comunicativo, concepção de possibilidades de projeção semiótica de espaços cognitivos, devemos tirar partido de todas as condições circundantes, aprendendo a explorar ambientes e práticas que estimulem participação, comportamento, criatividade, ação.

Dessa forma, pontuar *música na educação* é assinalar a necessidade de sua prática nas escolas, auxiliar o educando a concretizar sentimentos em formas expressivas, favorecer a interpretação de sua posição no mundo, possibilitar a compreensão de suas vivências, conferir sentido e significado à sua condição de indivíduo e cidadão. Como toda comunicação envolve conflito, poder, ideologia e negociação, o educando precisa aprender a lidar com esses valores com competência e autonomia, e aí emerge a potencialidade da música como agente *mediador*, auxiliando-o na construção de um diálogo com a realidade.

Entendida como *atividade semiótica*, a interface musical faz contraponto com diferentes linguagens, pontuando em sua sintaxe, ritmo, melodia, harmonia, forma, *emoção*. É assim que a mesma impressão musical pode de algum modo ser trasladada para uma atividade cênica, coreográfica, desenho ou pintura.

E embora a música jamais comporte *real transposição* para outra linguagem, sobretudo a *verbal*, dado que a palavra é incapaz de "traduzi-la" pois suas naturezas são diferentes (o código linguístico opera com signos simbólicos cuja sintaxe é a contiguidade e a música manipula signos não simbólicos, operando por similaridade); e se a impossibilidade da transposição também se dá em razão de que a música *só se mostra*, o que significa dizer que música só fala de música, que ela é tautologia pura, presentidade absoluta, ainda assim é possível um traslado "relativamente gratificante" de uma linguagem a outra, no que respeita à *emoção* que a vivência musical suscita.

Como *atividade lúdica*, a música se recorta como um jogo que se realiza na escuta, cuja dinâmica se enriquece com a aprendizagem, motivando, criando necessidades e despertando interesses. E aí atentamos para os estudos de R. Hubert (Not, 1987, p.97-8) sobre a evolução cognitiva do educando. Segundo esse pesquisador:

- no primeiro ano de vida os interesses da criança são caracterizadamente *organoafetivos*;
- entre um e três anos eles (interesses) são governados pelo movimento, percepção e linguagem;
- dos três aos sete lidera o movimento lúdico, o jogo em geral, imagens, ficções e mitos;
- no decorrer da última infância, dos sete aos onze anos, os interesses são caracterizados pelo construtivismo técnico e social, pela organização de relações interpessoais e relações lógicas e concretas;
- na pré-adolescência eles se revelam mais afetivos, dirigidos pela ludicidade e pela necessidade de dominação;
- finalmente, depois dessa fase ambígua ressurgem aqueles interesses da terceira infância (técnicos, sociais e lógicos), atingindo então o nível formal. É a idade da sociabilidade, da intelectualidade abstrata e do interesse pela cultura.

Já o educador Gonzalo Brenes (1954), de modo análogo às estruturas cognitivas desenvolvidas por Piaget, defende a tese de que o desenvolvimento musical da criança se processa em quatro etapas.

- fase do *ritmo* (correspondendo à sensório-motora de Piaget);
- fase da *melodia* (pré-operacional);
- fase da *harmonia* (operacional-concreta); e
- fase da *forma* (operacional-formal).

Na primeira etapa, a criança percebe e reage ao *ritmo* musical, inicialmente por meio de quaisquer movimentos; depois, à medida que se processa a maturação de seu organismo, ela reage com movimentos coordenados de dança.

A segunda fase caracteriza o estágio em que a criança já se mostra sensível à beleza da linha melódica, à beleza do contorno, da figura. Pela primeira vez ela começa, por conta própria, a emitir uma série de sons em intervalos pequenos (intervalos de segundas e de terças menores e maiores, intervalos de quartas), inventa músicas e produz pequenas seções constituídas de "trechos característicos" de músicas familiares ouvidas em volta dela (Gardner, 1994, p.85). Por volta dos dois ou três anos de idade, algumas dessas crianças já conseguem até acompanhar grandes segmentos de uma canção. Na terceira fase a criança se interessa também pelos efeitos gerados pela harmonia, combinação simultânea de sons. Nessa etapa um grande número delas já concebe um esquema de como uma canção deveria ser, podendo mesmo produzir um *fac-simile* razoavelmente preciso das melodias-harmônicas comumente ouvidas ao seu redor. E vem a última fase, *da forma*, quando então a percepção se amplia ainda mais, possibilitando a recepção de estruturas e formas musicais elementares.

Trabalhando com o conceito de "competência musical" e investigando o seu desenvolvimento dentro das linhas do pensamento lógico de Piaget, pesquisadores ligados ao Instituto de Tecnologia de Massachussets (MIT) concluíram que o pensamento musical envolve suas próprias regras e limites. Ao mesmo tempo eles chamam a atenção para duas maneiras contrastantes pelas quais a criança processa música: a primeira, entendida como abordagem *figurativa*, é aquela em que ela, de forma puramente *intuitiva*, presta atenção às características globais do fragmento melódico *ouvido* e às características *sentidas* dos agrupamentos constituídos. E a segunda é aquela em que, já com um modo formal de pensamento estabelecido, a criança consegue conceituar sua experiência musical de modo organizado, entendendo a música como sistema.

Como *função criativa*, a música amplia a compreensão do mundo e possibilita um inter-relacionamento entre o que *sentimos* e o que *pensamos*. Como as categorias atuantes no discurso musical são sempre repertoriadas em uma cultura, é fácil perceber que o sentimento estético é *aprendido, construído*, exigindo do educando, do compositor, intérprete, ouvinte, a posse de certo número de ferramentas intelectuais e técnicas que nenhuma espontaneidade consegue dar conta. Por isso dizemos que a educação jamais deve opor sensibilidade à inteligência e emoção à razão, pois essas dimensões se completam mutuamente.

Como *função cultural*, o exercício da música possibilita vivenciar sentimentos pretéritos e presentes de uma época, pela percepção de como o compositor *diz o que diz*. Como o código musical envolve a ideologia e a "maneira de ser" de determinada época, sua vivência estimula formas de pensamento distintas do rotineiro, o que significa dizer que a música possibilita ao educando atentar para seus sentimentos, alimentando-os com experiências vivenciadas e ressignificadas em novas relações. E se a obra musical aponta determinada direção aos sentimentos do educando (ouvir música é ouvir direções), ela também descortina novas possibilidades de que ele se sinta e se conheça, pois a maneira de vivenciá-la é exclusivamente pessoal, é exclusivamente função do receptor. Expressando sentidos irredutíveis a palavras, a música cria um espaço em que os sentimentos dos educandos acabam por encontrar novas e múltiplas possibilidades de ser.

Como *apelo à globalidade* a interface musical não só favorece a "educação" dos sentimentos como possibilita desenvolvimento cognitivo, particularmente por suas relações lógicas e matemáticas, assim como a prática do cálculo o faz em relação ao pensamento. Com razão Pitágoras já afirmava, séculos atrás, que toda música pode ser reduzida a números e relações matemáticas, e que o universo e todos os seus fenômenos podem ser explicados na razão dos números e relações matemáticas encontrados na música.

> Certamente as esferas dos números, da matemática, da lógica, ciência, não são coextensivas entre si ... mas de fato formam uma família de competências inter-relacionadas ..., e uma das contribuições duradouras de Piaget é ter sugerido algumas dessas ligações integradoras. (Gardner, 1994, p.105)

Daí que criar, "inventar", construir, fazer música ou operações matemáticas é realizar combinações úteis, é discernir, é selecionar. E como o matemático, o músico é um criador de padrões que tendem a durar.

Como interface de *desenvolvimento social* a música permite que participemos do sentimento de uma época, fornecendo as bases técnicas e estéticas para que esta vivência se estabeleça. Como *ação* de *desenvolvimento de potencialidades,* ela auxilia o processo de maturação da equação pessoal, fomentando o desenvolvimento de sentidos e significados que orientam ação e integração no mundo. É desse modo que, otimizada por mais esta prática, a musical, a educação ajuda a pensar tipos de homens *inteiros, completos.* Mais que isso, ajuda a desenvolvê-los, motivando-os com aquela emoção que toca e legitima. Para tanto são privilegiados métodos que envolvem *atividade, criatividade, vivência rítmica, individuação* e *socialização* (Orff, Willems, Martenot, Dalcroze, Kodaly). Daí que, mobilizando virtualidades sensoriais, afetivas e emocionais, explorando exercícios de combinação e improvisação rítmico-melódica, essa ação acaba por tornar a criatividade operativa, possibilitando um novo sentido à vida, que passa assim a ser caracterizada como *existência*.

O musicoterapeuta e educador Antonio Yepes (1972) assinala que o método Orff apresenta contribuições relevantes não só no campo da educação quanto da musicoterapia. Segundo ele, três elementos característicos do referido método recomendam sua aplicabilidade: a *elementaridade,* o *instrumental* e sua estreita vinculação com o *movimento*. A exploração do ritmo, da melodia, da voz e dos instrumentos dentro desse esquema em nenhum momento sobrepuja o âmbito do diretamente perceptível às sucessivas idades, diz ele, acrescentando:

> o acerto didático de Carl Orff consiste em buscar na música infantil, na música autêntica e tradicional, na música modal e na música primitiva, os elementos mais diretamente acessíveis à sensibilidade de crianças e adolescentes, oferecendo à musicoterapia (e à educação) um amplo repertório de recursos cuja eficácia é amplamente reconhecida. (p.69-70)

No caso específico da musicoterapia pode-se, com o recurso do método Orff-Schulwerk, detectar com relativa facilidade uma possível deficiência mental do indivíduo, uma vez que

> o impedimento mental comporta um certo grau de regressão no sujeito ... que retrocede no tempo até níveis desconcertantes. O ponto em que o paciente se encontra pode ser detectado por meio dos materiais do Orff-Schulwerk: sua reação às palmas, a possibilidade ou dificuldade em reter frases rítmicas ou melódicas "elementares", vale dizer, "sem artifício algum", a faculdade ou ausência do registro (por parte do receptor) de variantes morfológicas e a correspondência das distintas partes de um fragmento. Tudo isso permite sondar a índole e a magnitude do deteriorado com relativa segurança. Seria de desejar um estudo sistemático das distintas reações a modelos escalonados, relacionando-os com dados proporcionados pela psicometria, psicologia e caracterologia sobre os indivíduos testados dessa forma. Alguma luz seria lançada na importante etapa preliminar na qual se deve determinar os níveis iniciais da terapia. (ibidem, p.70)

Assim, considerando a integração *música-movimento*, o método Orff sobressai no panorama da educação musical ao lado do método Dalcroze, do qual procede em parte. Hoje surgem novos métodos contemplando particularmente o contexto contemporâneo, como o de Murray Schafer (1991) com seu conceito de *paisagem sonora*, o de Emma Garmendia (1981), a chamada educação *audioperceptiva*, e o de H.J. Koellreutter (1990), *educação musical*.

Tomada como *agente psicológico*, a música relaciona-se tanto com a *palavra* que o sujeito da linguagem articula como com o corpo biológico, cujas múltiplas articulações têm a função de fazer ressoar. Em razão dessa interface, o seu exercício possibilita que o indivíduo se *re-ligue*, de um lado ao próprio corpo, e de outro, à universalidade dos sujeitos que *falam* aquele repertório.

Diz-se que a língua nativa modela nosso caráter bem como a maneira como percebemos o mundo em volta, ao passo que a antropologia ensina que quando determinada sociedade não tem uma palavra específica para identificar certo objeto, por exemplo, este acaba por se tornar *inconcebido*; ou seja, ele não consegue ser identificado pelos membros daquele referido grupo. É o que acontece com integrantes de certas tribos africanas que, por não incluir em seu repertório palavras indicativas de determinadas cores, não são capazes de distingui-las, a despeito da saúde de seus olhos. A esse poder de referência das palavras sustentando possibilidades perceptivas e conceituais, os psicólogos chamam de *codificabilidade*. As palavras *codificam* e esclarecem conceitos e fenômenos às nossas mentes e memórias, ampliando uma competência intelectual que acaba por estabelecer estreita conformidade com o domínio da linguagem.

Por isso é provável que diferentes tipos de música, que expressam experiências emocionais variadas (música romântica, religiosa, patriótica, mística, abstrata), acabem por "codificar" também sentimentos correspondentes e suas variadas tonalidades. A pergunta que formulamos então é se a música, como a língua, não seria capaz de oferecer "estruturas" de experiências emocionais e de modelos mentais que de alguma forma "orientem" a maneira como encaramos o mundo. Quando tratamos das características psicológicas da música registramos que ela é marcada pela *aconceitualidade* e *indução*, e esta última pode responder à questão levantada. Não obstante, se por um lado e em certa medida a música *induz*, seja pelo jogo de seus elementos constitutivos, seja por sua analogia com nossos sentimentos, por outro ela também *liberta*, uma vez que, por sua característica psicológica de *aconceitualidade*, acaba por facultar expressão e singularidade. É desse modo que, modulada em sua infraestrutura por processos inconscientes articulados conscientemente, e com a escuta sempre traindo algo do inconsciente que ela revela e oculta, a música, esse suporte da coerência de um saber condensador de representações (Vasse, 1977, p.190), pode também revelar o sujeito, expondo-o, à sua revelia.

De mais a mais, a experiência da música pode também ser um momento privilegiado de emergência do inconsciente, pois "o inconsciente está entremeado em nossa linguagem e a dirige, sem que disso se possa ter conhecimento" (Kupfer, 1989, p.52). Desse modo na escuta, alguém que *fala* (que ressoa!) pode expressar mais do que o desejado. Como não somos senhores em nossa própria casa, como já afirmava Freud, a música acaba por exercer um poder que excede limites imaginados, e o educando nesse processo estará fadado a se revelar, mesmo que seja um iniciado e a despeito de a aprendizagem musical "igualar" (de algum modo) a experiência emocional da arte, em função da chamada *emoção-estética*.

Se a partitura, que é codificação e simbolização racional, não coloca o criador lado a lado com escapes no trabalho final da feitura composicional, ainda assim a escuta da obra manifesta um sabor de lacunosidade, *dada a ingerência do processo primário no secundário*. Essa experiência é palpável particularmente na escuta dos *não iniciados*, quando então o receptor se deixa levar pela multiplicidade dos sentidos ali expostos.

Condensação, deslocamento, emprego do mesmo material, duplo sentido, mecanismos abordados por Freud no processo chistoso (Sekeff, 1986-88, p.123), modos essenciais de funcionamento dos processos psíquicos, presentes como técnica no trabalho de construção da obra musical, privilegiam tanto a obra (o texto) quanto ela dentro de nós.

Na interface da *emoção*, a música possibilita que encontremos na experiência *estética* um elemento disciplinador e mediador por excelência, facilitador da formação de padrões de comportamento adequados e produtivos. Afinal, a *estética*, essa parte da filosofia e da psicologia dedicada a encontrar sentidos e significados para aquela dimensão da vida na qual se experimenta a beleza, motiva formas de comportamento. Dessa maneira a expressão musical contribui para o crescimento do educando, até porque ela se determina como um movimento afetivo e cognitivo, pelo qual as emoções vivenciadas são *trans-formadas*.

Como *saber cultural* a música se insere numa comunidade específica, complementa a hereditariedade, sustenta a perpetuidade de determinado repertório, enquanto o seu código também propicia integração e identidade do sistema social do indivíduo, assegurando sua autoperpetuação e sua autorreorganização permanente (Morin, 1979, p.172). O resultado é que, se de um lado a herança cultural assegura orientação e desenvolvimento ao ser social, de outro, combinada com a herança genética de cada cultura, por meio de seus *imprintings* e seus sistemas de educação, ela intervém para coorganizar o conjunto da personalidade (ibidem, p.170) cuja diversidade é assim garantida.

Tendo em conta a interface *educacional*, a música se caracteriza por quatro funções características: *cognitiva, reflexiva, extensiva* e *expressiva*. A função *cognitiva* (que se estende ao desenvolvimento e à educação dos sentimentos) tem por premissa permitir ao educando o conhecimento de seus sentimentos de forma direta, total, global, garantindo-lhe a possibilidade de contemplá-los e entendê-los sem a mediação de conceitos; de exprimi-los em formas simbólicas, e de captar "os meandros dos sentimentos da *comunidade humana*" (Duarte Jr., 1981, p.78). A função *reflexiva* tem o sentido de ampliar a compreensão do mundo. E aí observamos que a percepção estética tem muito que ver com a chamada percepção *sincrética*, apreensão do discurso como um todo, percepção global das formas expressivas. A função *extensiva* diz respeito ao fato de a linguagem musical favorecer "o acesso dos sentimentos a situações distantes de nosso cotidiano, forjando em nós as bases para que se possa compreendê-los" (ibidem, p.99), e a *ex-*

pressiva salienta o caráter de *metáfora epistemológica*, remetendo sempre a determinada cultura, época, ideologia. Essas diferentes funções, isoladas e/ou combinadas, caracterizam-se sempre como possibilidades educacionais.

Estruturada em formas dinâmicas que correm no tempo ensejando uma visão direta dos sentimentos, a música possibilita vivenciá-las com nossa mente e nosso desejo, contribuindo desse modo para que se dê sentido à vida. Ajuda a organizar o real e o imaginário, faculta estabelecer categorias e também relacioná-las numa determinada estrutura significativa.

No contexto desse panorama, a imaginação, a serviço da percepção, ganha certa autonomia, ampliando os limites impostos pela intelecção, e sem que essa autonomia se mostre arbitrária, pois a imaginação segue o rumo que a obra lhe dá. Percepção e imaginação são, pois, caminhos recortados no processo educacional, com o objetivo de produzir no educando essa particular espécie de aptidão que é a chamada *aptidão emocional*.

Compor, ler, interpretar, improvisar ou simplesmente escutar um repertório musical culto é ganhar conhecimento, é expandir experiências, é articular sentidos. Por isso se diz que o exercício da música favorece a *inteligência* e o raciocínio hipotético-dedutivo. Se inteligência é plasticidade, flexibilidade de raciocínio, capacidade de resolver problemas novos, a prática musical alimenta essas habilidades assegurando ao mesmo tempo expressão, relações com o universo físico e social, autonomia e adaptabilidade às condições do meio.

Aliás, quando falamos em *inteligência* não podemos omitir os trabalhos de Howard Gardner, que durante muitos anos se dedicou a pesquisas cognitivas e neuropsicológicas. Nos seus trabalhos Gardner (1994) desenvolve o que chama de *teoria das inteligências múltiplas*, refutando o conceito tradicional de inteligência como capacidade (ou potencial) geral que possuímos em maior ou menor extensão. Ele rejeita a concepção de *uma* inteligência única, questiona os testes de medição tradicionalmente utilizados e considera necessária a inclusão de um conjunto mais amplo de competências no universo da cognição, uma vez que a inteligência não é faculdade única da mente como sempre se supôs.

E acrescenta que devemos atentar à possibilidade de que as competências mentais (como a inteligência mesma) não se adequem a medições que ainda hoje se valem de métodos verbais padronizados, pois estes são exclusivamente baseados em habilidades lógicas e linguísticas.

Para Gardner, inteligência é capacidade de resolver problemas novos ou de criar produtos que sejam valorizados dentro de um ou mais cenários culturais (1993). Propondo sete competências que estruturam a sua teoria, ele defende a ideia de que a mente tem potencial (não exatamente facilidade) para lidar com *diferentes tipos* de conteúdo, o que significa que o desempenho individual *tende* à especificidade de conteúdos particulares.

A prática da música desenvolve a chamada *inteligência musical* e esta, por sua vez, colabora no desenvolvimento de todo o sistema cognitivo do educando. Nesse sentido, podemos observar, na analogia da estrutura musical com a da linguagem como concebida por Gardner, a sua propriedade (da *inteligência musical*). Assim como é possível discernir uma série de níveis de linguagem, do fonológico básico ao reconhecimento de entidades maiores como histórias, o mesmo acontece no campo da música, sendo possível ir de sons e frases isolados à percepção de estruturas musicais maiores.

Todos esses dados corroboram a necessidade da música nas escolas, quando então o educador deve abrir espaço para o repertório tradicional, contemporâneo, popular e também não europeu. Outras razões corroboram esta necessidade, como a de que a forma musical *simboliza* movimentos que existem nela própria. Não descrevendo nem conceituando, as formas musicais expressam a possibilidade de contemplarmos sentimentos por meio de movimentos que guardam uma relação de analogia com ela. A questão dos sentidos expressos pela música passa desse modo pelo ouvinte que os apreende e simultaneamente os reestrutura, *completando-os* na escuta a partir do seu próprio modo de ser, pois a música provê elementos para que ele desenvolva sua atividade significadora, ampliando seu conhecimento a patamares que fogem do alcance do simbolismo conceitual, como informa Duarte Jr. (1981).

Ao mesmo tempo, a música culta abre caminho à *reflexão*, superando movimentos castradores e achatadores de individualidades. Auxilia a formação de cabeças *pensantes* (em razão do seu código mais elaborado), promove educação dentro de perspectivas amplas e estende-se além da mera transmissão de saberes, privilegiando a concepção de educação como um processo aberto "pelo qual se auxilia o homem a desenvolver sentidos e significados que orientem sua ação no mundo" (ibidem, p.15). Por isso afirmamos que, como o indivíduo é particularmente sensível à música, o educador acaba por encontrar nessa linguagem um poderoso agente motivacional, propiciador da construção de valores que transcendem os domínios da própria música e fundamentam sua ação no mundo. Daí o mote de que a educação nas escolas seja acrescida do exercício dessa linguagem, de suas possibilidades interdisciplinares, de sua interface, do seu canto, do seu exercício, de sua vivência, enfim. Que em sua tarefa de formação e *in-formação* do conhecimento, o professor possa dispor dessa ferramenta, partindo assim, com a colaboração do especialista da área, em busca do tão desejado caráter *holístico* da aprendizagem. Mesmo porque, como diz a psicologia, o resultado de uma aprendizagem *integradora* mobiliza e faz germinar cabeças pensantes.

No livro *1984*, George Orwell cria uma ditadura que utiliza, como ferramenta de controle e domínio de sua gente, a diminuição gradual do vocabulário permitido ao povo. Diminuindo o vocabulário, automaticamente se reduzia a capacidade de raciocínio e reflexão da população. Controlando a linguagem controlava-se o povo pela limitação de seu pensamento. E por quê?

Porque o código estreito encurta, reduz, refreia o pensamento abstrato, modera a contestação de valores e a percepção de que a ordem existente é modificável. Afinal, uma das técnicas utilizadas pelo autoritarismo para aportar em um texto qualquer, musical ou não, é exatamente uma programada diminuição do grau de ambiguidade exprimível pelo signo. Só a ambiguidade permite que a leitura se abra, só a ambiguidade permite a fuga aos limites impostos pela monossemia que sacrifica a invenção à convenção, tornando o discurso autoritário, dominador.

No discurso aberto, no discurso lógico e lúdico, vale dizer no discurso *musical*, "o signo ganha uma dimensão múltipla, plural, de forte polissemia, (em que) os sentidos se estilhaçam expondo as riquezas de novos sentidos. Os signos se abrem e revelam a poesia da descoberta" (Citelli, 1986, p.58). Abrindo o discurso às mais variadas incursões e possibilitando sua atemporalidade, o espaço da participação da música na educação se marca pela *liberdade*, com a obra musical trazendo em si suas próprias regras. A música se faz *fazendo*.

O exercício, o canto coletivo, a escuta, a atividade, a criatividade e a possibilidade interdisciplinar, facultados pela música, são indispensáveis à educação que pretende dar conta do cidadão e da consciência de cidadania. Sua função autorrealizadora, processada em movimentos inventivos que não prescindem da subjetividade, possibilita ao educando jogar com outros possíveis, transgredir o estabelecido, desconstruir certezas narcisísticas, reinventar novas articulações, promover rupturas e desviar os signos musicais para um outro regime de significação. Daí que disciplinas e tarefas devem ser propostas, da matemática e do português ao teatro, ao estudo de línguas, à leitura de jornais, ao esporte, ao computador, à *música*. Mobilizando virtualidades sensoriais e emocionais com o recurso de métodos musicais ativos, explorando a escuta, os exercícios de combinação e improvisação, jogando com a semioticidade das disciplinas, acabamos por ensejar o desenvolvimento da criatividade do educando tornando-a operacional, com poder de realização e decisão, graças a um instrumental de informações e de exercícios de regulação e controle pelos quais o educando aprende a dar à sua produção (criação) uma forma, um valor, uma comunicabilidade (Porcher, 1973). O canto coletivo tem influência preponderante nesse contexto no sentido em que o homem é um animal social e o grupo é o aspecto mais importante do seu ambiente. O grupo motiva e a motivação estimula *corticalmente* como ensina a psicologia fisiológica, impulsionando o educando à ação.

Por outro lado, como a experiência básica que temos do mundo é *emocional,* a música, essa forma de conhecimento humano de *tonalidade afetiva,* adquire também força educacional, pois a educação não se resume à simples transmissão de conhecimentos mas, mais que isso, caracteriza-se como um processo de desenvolvimento de sentidos e significados em que o educando, refletindo o mundo em volta, *transforma a si próprio*. Disso se conclui que a verdadeira função educacional da música acaba por pressupor a construção de uma sociedade democrática.

Ofereçam-se ao educando condições de conhecimento, vivência e desenvolvimento musical; estimulem-se diferentes modos de construção de sentido e proceda-se à sua inter-relação com os currículos de primeiro e segundo grau. Essa é uma forma de propiciar conhecimento e cidadania.

7
Reflexões finais
Ainda sobre música e educação

> Só aprende aquele que se apropria
> do aprendido transformando-o em apreendido,
> com o que pode por isso mesmo reinventá-lo;
> (Só aprende) aquele que é capaz de aplicar
> o aprendido-apreendido
> a situações existenciais concretas.
>
> (*Paulo Freire*)

Já sabemos que o acesso à música, bem cultural da humanidade, favorece o educando, integrando-o ao mundo e propiciando o seu desenvolvimento como ser social. O que não sabemos ainda é que a força dinamizadora da relação *umbilical* que se mantém com ela, e de certo modo deixada de lado pelas escolas, participa de ação ainda mais ampla, excedendo a mera colaboração aos limites da educação rotineira, pois propicia um contraponto com diferentes saberes, confirmando a premissa de que nem só de mensagens verbais vive o ser humano. De mais a mais, o exercício da música encarna uma perspectiva singular no sentido em que amplia a nossa capacidade de animal simbólico, propiciando a emergência de uma nova condição, a de *animal poético*.

As escolas privilegiam sobremaneira o português e a matemática, deixando de lado sua interface musical, esse universo de *função poética*, universo da metalinguística, da pluralidade, da densidade semântica. Se levarmos em conta que português e matemática ensinam linguagens, não podemos deixar de refletir que música também é *linguagem* (não verbal), o que significa dizer que ela constitui condição de conhecimento e de ordenação do pensamento. Quem canta, escuta, lê, toca um instrumento musical aprende a pôr em ordem seu pensamento. Daí que a vinculação da música à perspectiva de outros conteúdos disciplinares acaba por ratificar os pressupostos de uma real ferramenta auxiliar da educação.

Se a antiga abordagem *formal* do ensino reforça a transmissão de conceitos e a imitação de modelos a serem aprendidos; se a abordagem *comportamentalista* objetiva a permanência de determinada conduta e se a abordagem *humanística* integra o educando no processo ensino-aprendizagem, a *cognitiva,* tomando o sujeito como principal agente desse processo, preocupa-se em *como se dá* a aprendizagem.

É particularmente aqui que a educação remete à necessidade de que o educando conheça e vivencie essa linguagem não verbal, numa espécie de *filosofia* que, envolvendo sua autoimagem e sua visão de mundo, proporciona-lhe meios para lidar de maneira mais eficaz com a realidade e segura consigo mesmo.

Estendendo-se às *ciências físicas* (pela natureza do som) e às *ciências matemáticas* (pois tudo é número, tudo existe segundo certas proporções, como afirmava Pitágoras); estendendo-se à *fisiologia* (em razão da duração, ritmo, pulso), à *psicologia* (considerando o parâmetro *intensidade*), *antropologia* (harmonizando natureza e cultura), *estética* e *filosofia* (tendo em conta o objeto musical), a prática da música só se torna possível graças ao *prazer perceptivo* da escuta.

É na escuta que o sujeito se identifica como puro ato de percepção e como condição de possibilidade do percebido, e é na escuta que ele vivencia aquela espécie de situação transferencial que acaba por se instaurar na relação ouvinte/música, capaz de mobilizar *investimentos afetivos*.

Partindo da reflexão de que o educando é um organismo biológico com uma história evolutiva sustentada por condições inatas e adquiridas; que o eterno debate sobre o que é genético e o que pode ser aprendido não esgota as possibilidades da aprendizagem (influência do meio); que "todos os organismos são impulsionados por necessidades ..., incluindo aquelas que conduzem à expressão estética" (Masserman, 1955, p.143); que genes produzem o *layout* básico de um organismo, mesmo o *layout* básico do cérebro, como afirma Antônio Damásio, neurologista português radicado nos Estados Unidos; que estamos constantemente interagindo com o ambiente para operar células e circuitos; que fatores ambientais, sociais, culturais facultam o aprendizado de cada indivíduo de modo inteiramente particular; que "muito do que nos define como seres humanos se baseia em processos não verbais ..., que as operações essenciais de um ser humano vivo são pré-linguísticas e que isso inclui processos de regulação biológica, emoção, percepção, consciência"; (Piza, 2000); que há íntima relação entre consciência, emoção e linguagem, e que agindo sobre o organismo a música pode, *estimulando-o*, suscitar interesses e necessidades, partindo enfim de todas essas reflexões, acabamos por inferir a importância que a música adquire no processo educacional, participando de maneira ativa do curso do descobrimento e conhecimento do educando e do mundo. Mesmo porque aprender é *descobrir*, é *construir*.

Se a construção do pensamento musical é favorecida por uma escuta e um fazer ativos, sua prática também pode interferir na maneira pela qual o educando constrói a noção que tem de si mesmo e de como seus pensamentos se ligam a emoções. Assim ela parece possibilitar, com certo prazer, aquele trânsito progressivo pelos estágios da cognição, que iniciando na escuta envolve o perceber, analisar, deduzir, diferenciar, sintetizar, codificar, decodificar, abstrair, memorizar. Além do que, como *umbigo* do mundo, a música acaba por alimentar de forma privilegiada a *imaginação*, faculdade que responde pelo alto índice de multissignificação de sua linguagem, pois seu mundo é o do *possível, do que pode ser*, e não do que é.

Outras razões privilegiam a necessidade da música nas escolas, remetendo sempre ao ensino que objetiva a *formação* do educando e que nutre sua sensibilidade, inteligência e vontade no sentido de uma integração de *valores existenciais*, indo assim muito além da mera *informação* sobre diferentes formas de conhecimento teórico e prático. E, neste sentido, a música é sustentada por fatores históricos, culturais, psicológicos, sociais, estéticos e simbólicos que lhe conferem poder de colaborar na integração do educando.

Tudo isso possibilita inferir que, como instrumento de "comunicação" e particularmente de expressão, a música constitui um outro aspecto do comportamento humano, um processo que não termina na experiência *estética* mas, pelo contrário, transcende-a, pois é imantado de conteúdos qualitativos da condição humana.

Embora jamais pretenda eleger um conhecimento de algo, a música se estabelece como *algo* que dialoga com o conhecimento e a sensibilidade, e sua natureza *objetal*, estatuto alcançado em razão da autorreferência com a qual ela se constrói, garante-lhe uma *incompletude* capaz de gerar diferentes experiências. É dessa maneira que todos fazem *uso* de seus *recursos*, embora pontos de partida, metodologias e objetivos difiram entre si.

O *musicoterapeuta*, por exemplo, utiliza o som (musical ou não) e a música (tradicional ou não), o ruído e o silêncio, para estabelecer *comunicação* do paciente com o terapeuta, com o meio e consigo mesmo. O objetivo é propiciar a abertura de novos canais de comunicação, estimulando o rompimento de barreiras e bloqueios internos, favorecendo uma atuação musical de transferência que possibilite a introdução de outras terapias que se façam necessárias.

O *psicólogo*, a quem cabe analisar e interpretar a atuação do paciente, serve-se da música como *objeto intermediário* (na psicoterapia, no psicodrama, na musicoterapia), estimulando o *insight*, a associação de ideias, o contato humano, ou simplesmente utilizando-a como facilitadora da expressão. É interessante observar que muitos dos procedimentos utilizados no psicodrama são, a exemplo da música, pré-verbais, enquanto outros utilizados na musicoterapia são comuns ao psicodrama, o que demonstra a interdependência de técnicas utilizadas por esses métodos. Por isso, por ocasião do *V Congresso de Psicodrama e Sociodrama* e do *I Congresso da Comunidade Terapêutica em S.Paulo* (1970), Benenzon registrou a necessidade de um *eu-auxiliar* ser musicoterapeuta de formação, porque com essa competência poderia atuar de forma segura na utilização da música no processo de mobilização de angústias, ansiedades e abertura de canais de comunicação.

O *educador musical* utiliza-a, objetivando a chamada educação formativa, profissional e social. *Formativa*, no sentido do desenvolvimento das potencialidades do educando pelo viés da sensibilidade, do ouvido, da musicalidade, da prática e da cognição. *Profissional*, em razão de que a preocupação do educador é com o desenvolvimento das inclinações, aptidões e habilidades específicas do educando: ouvido, senso rítmico e personalidade com tendência ao cultivo de valores estéticos. E *social* no sentido de favorecer disciplina, civismo e arte propriamente ditos, como aliás já propunha Villa-Lobos com a educação pelo canto orfeônico, movimento que desenvolveu por anos no Rio de Janeiro, na primeira metade do século XX, chegando a reunir em suas atividades corais cerca de 40 mil crianças.

Ao longo dos tempos a música vem colaborando com a expansão de importantes *funções* e *faculdades* do indivíduo, quer como *raciocínio* que sempre mereceu a atenção da Filosofia, quer como *jogo*, no sentido de atividade humana. O *jogo*, aliás, faz parte do universo musical, não como origem mas como modo de processar, pois desde "suas fases mais primitivas, a cultura possui um caráter lúdico que ela processa segundo as formas e no ambiente do jogo" (Huizinga, 1993, p.53). E *habitando* a estrutura do *jogo* a música acaba por dotar o indivíduo de um significativo instrumento de leitura e interpretação do mundo.

Atente-se para o fato de que em diversos idiomas, como os germânicos, os eslavos, o árabe, a performance instrumental é chamada de *jogo*, como lembra Huizinga; provavelmente porque *jogo* e música aproximam-se em suas origens, categorias e valores, portando até mesmo termos comuns como *ritmo, tempo, harmonia* (que se estendem também à poesia). Enquanto na poesia as palavras transmudam o poema "para a esfera da ideia e do juízo" (ibidem, p.178), na música privilegia-se o caráter lúdico em razão de que ela só adquire vida como ação, *jogo*, atividade esteticamente operante, *mostrando-se* no tempo que corre.

Refletindo sobre as palavras de Aristóteles, para quem a maior parte das pessoas de sua época fazia música por prazer e para educar, podemos supor que desde os primórdios ela ocupa posição intermediária entre o *jogo* e a *arte*. A concepção de arte era por sua vez solidária ao conceito de educação, e é fácil entender por quê: como na Grécia antiga o homem livre não precisava trabalhar, ele dispunha de todo o tempo para se dedicar ao que mais apreciava, ou seja, à prática da música, da educação, das questões intelectuais, estéticas, *musicais*, consideradas todas, então, ocupações nobres.

No caso específico da música, arte mimética, arte do *jogo*, de função psicológica, moral e técnica, além do prazer que proporcionava, ela era considerada também necessária à educação, já que entendida como *formadora* de sentimentos éticos. Por isso sempre se creditou à música função educacional, fomentadora de valores, atitudes, ideologia e cultura.

De mais a mais, sugerir *música na educação* é corroborar a sua importância no desenvolvimento da *percepção*, cuja atividade tem muito em comum com a *inteligência*, já que mecanismos similares entram aí em cena; é incursionar na compreensão de faculdades como a *aural* e a *memória;* é penetrar no mundo da materialidade sonora, considerando o *som,* ao contrário da *vibração,* como "algo que uma mente faz" (Jourdain, 1998, p.14);[1] é penetrar no universo da psicoacústica, que investiga *como* se percebe o som, no universo da biologia, da psicologia, da matemática e de outras disciplinas. É também penetrar no mundo de Piaget e suas ideias transformadoras sobre o modo pelo qual as crianças aprendem, é refletir nos estágios do desenvolvimento cognitivo que ele estabelece, é considerar a tese de que, por mais prodigiosa que seja a *inteligência,* ela não garante sozinha a maturidade emocional, e que devemos educar também a *emoção* a fim de que o indivíduo, sustentado pelo desenvolvimento da inteligência e pelo equilíbrio emocional, obtenha a desejada riqueza produtiva que apenas essa parceria é capaz de conferir. E é finalmente refletir em sua afirmação de que um fenômeno é sempre biológico em suas raízes, mental no meio e social em seu ponto final (Evans, 1976, p.70).

Aliás, foi estudando Piaget que Howard Gardner acabou por sepultar os tradicionais testes psicométricos em prol da interação *indivíduo-grupo,* da construção do conhecimento, da estruturação de atitudes e hábitos cognitivos voltados à prática das descobertas. Gardner não atribui importância nem tampouco estrutura suas conclusões baseado em testes ou mensurações laboratoriais de fisiologia ou psicologia experimental; pelo contrário, ele se volta para a criança em seu ambiente natural, real, *a sala de aula;* ele se volta para os currículos, as metodologias de ensino, postulando um novo tipo de escola em que a dimensão emocional dos processos e vivências ganha expressão. E foi por sua vez estudando Gardner que o psicólogo Edênio Valle (1998) aderiu ao conceito de *inteligências múltiplas* desenvolvido pelo primeiro, cuja

---

[1] Como também diz Jourdain, o *som* não passa de vibração na física; mas em psicologia ele é uma espécie de experiência que o cérebro extrai do seu meio ambiente. Onde o físico encontra energia, o psicólogo encontra informações; e as sensações que resultam dessas vibrações variam imensamente de uma espécie a outra (1998, p.21).

matriz é não só a neurofisiologia avançada como, e também, uma nova concepção de *ensino-aprendizagem*.

Quem fala em *música na educação* alude à *memória*, faculdade subordinada a fatores fisiológicos (plasticidade da célula nervosa) e ao sistema muscular, permitindo-nos reter e reviver modelos de comportamento. Alimentada por motivação, atenção, interesse, bem como por exercícios mentais, a *memória* é também estimulada pela prática da música culta. Sendo a composição musical, caracterizadamente, uma estrutura de sons e ritmos *com* sentido, a memória musical é em essência um aspecto da inteligência musical.

Acrescente-se que *memória* e *percepção* constituem faculdades solidárias. A diferença entre ambas é apenas de grau e período de perseveração: se a consciência das impressões colhidas pelos sentidos é imediata, temos a *percepção*. Se mediata, temos a ação da *memória*.

Concebemos aprendizado, percepção, memorização como funções totalmente distintas, mas elas absolutamente *não o são*. Pelo contrário, são um processo pelo qual captamos, adquirimos e armazenamos novos dados, de modo que os tornemos recuperáveis mais tarde. Quando a informação penetra no cérebro, quando se processa a informação, isso acontece sob a forma de impulsos elétricos, com sua armazenagem procedendo como um padrão de conexão entre neurônios e células nervosas.

Quase todas as memórias são feitas de muitos padrões de diferentes conexões neuronais, uns destinados aos sons, outros à visão, outros a texturas, e a combinação de todos eles é que responde pela *percepção* completa. Enquanto a persistência dos padrões absorvidos transforma a percepção ocorrida em memória, bilhões de neurônios transformam as memórias armazenadas em imagens, frases, sons, vozes que emergem.

Os efeitos da música na memória, a coordenação das representações mentais do som, intervalo, ritmo, acorde e de outros parâmetros musicais, vêm suscitando investigações de pesquisadores que buscam saber *como* a memória musical torna possível o desenvolvimento da *fala afetiva*. É assim que professores de todas as áreas da Educação podem enriquecer sua ação pedagógica, explorando o exercício e a escuta de amplo repertório de "modelos" musicais, tornando as obras ouvidas, por exemplo, fonte de conhecimento para seus alunos.

Tematizar a prática da música é sensibilizar o educando para, de forma lúdica, instigante e prazerosa, conquistar postura crítica, desenvolver a criatividade e a espontaneidade necessárias para sua atuação como ser social, competente e feliz; é oferecer-lhe referenciais teóricos e práticos que possibilitem, pelo pensamento musical, utilizar, levantar hipóteses, arriscar, descobrir uma maneira própria de chegar aos resultados, aprender a elaborar regras, exercitar o raciocínio.

Marian Diamond, da Universidade da Califórnia, Berkeley, uma das maiores pesquisadoras do cérebro, descobriu em suas experiências que o enriquecimento intelectual pode ajudar a recuperar o cérebro, mesmo depois de ter sofrido um dano físico. Ela também descobriu que "um cérebro que não pratica exercícios mentais regulares pode atrofiar fisicamente, da mesma forma que um músculo que não é usado" (apud Khalsa, 1997, p.70). Essa atrofia que, segundo Khalsa, parece mais pronunciada na área do cérebro mais estreitamente associada à *memória*, pode entretanto ser amenizada por exercícios mentais. E esses exercícios incluem a prática da música culta, música de código mais elaborado, que ao estimular o potencial do cérebro provê eficiência e alimenta a *memória*.

A maioria das memórias auditivas é armazenada no lado esquerdo do neocórtex, ao passo que as visuais o são no lado direito e as cinestésicas no cerebelo, fora do neocórtex. Se a durabilidade da *memória* depende da quantidade de emoção ("gravada" pelas suprarrenais), ela depende também do quanto essa memória seja *ricamente* codificada. Se por exemplo ela vier codificada visual, auditiva e cinestesicamente, ocupará então um grande número de células cerebrais, o que, por si, garante durabilidade.

Ora, essa riqueza de codificação acontece no exercício da música, na medida em que esta envolve leitura, imaginação (imagens e codificação visual), escuta (codificação auditiva) e senso rítmico (codificação cinestésica, reação muscular ao *modelo* rítmico apreendido, pois o ritmo não existe nas notas mas em nós, o ritmo *é* algo que acrescentamos à experiência auditiva). Como ouvido e senso rítmico são intrinsecamente ligados a essa faculdade, temos que *ouvido* é *memória* do som, ao passo que *senso rítmico* é *memória* do tempo, como dissemos em um outro momento.

Daí que, absoluto ou relativo, *ouvido* musical é sempre um fenômeno de *memória*, condicionado a uma base herdada e à ação do meio, e seu desenvolvimento resulta em mudanças no comportamento.

Música, inteligência, educação

Falar de *música na educação* é mais uma vez refletir sobre o desenvolvimento da *inteligência,* filosoficamente considerada fonte de toda a intelectualidade. Para Gardner (1994), são sete os tipos de inteligência:

- lógico-matemática;
- linguística;
- cinestésico-corporal;
- *musical*;
- espacial;
- interpessoal;
- naturalista.

Esse grupo constitui um expressivo potencial *biológico* e *psicológico*; *biológico* por estar ligado à quase infindável poeira de neurônios do cérebro e suas múltiplas sinapses (Antunes, 1999), e *psicológico* porque se associa a desejos e ações, conscientes e inconscientes.

Dotada de um componente inato e com uma base genética estabelecendo limites para o seu desenvolvimento, a *inteligência* caracteriza-se como um *poder-vir-a-ser*, carecendo do estímulo do meio para se desenvolver, para se tornar um *vir-a-ser*, como comprovam hoje diferentes estudos sobre o tema, realizados com a utilização de métodos de ressonância magnética e tomografia por emissão de pósitrons (ibidem, p.4). Estimulando-se a *inteligência* do educando, particularmente na infância, colabora-se na sua expansão até limites insuspeitados. E nesse contexto a *musicalização* representa efetivamente um forte estímulo. Isso significa dizer que a inteligência musical, com sua própria trajetória de desenvolvimento e representação neurológica, acaba por participar do desenvolvimento da *inteligência* geral.

Como o comportamento inteligente se caracteriza pela visão da solução contida no próprio problema, quando na vivência musical percebemos a solução, quando temos o *insight*, quando temos a visão dos movimentos necessários à realização de um determinado trecho músico-performático, por exemplo, quando temos a visão de um dedilhado que represente economia, naturalidade e rapidez, esse mecanismo perceptivo, em franco processo de desenvolvimento, acaba por se estender a outros campos, beneficiando outras áreas. Não obstante, a percepção por si só jamais garante a execução perfeita da obra musical, pois esta também depende da maturação do organismo que atua.

O que não desautoriza a afirmação de Paul Guillaume (1947) quando diz que para termos a melodia nos dedos precisamos antes tê-la na cabeça. E não nos esqueçamos de que, no *jogo* musical, a *seriedade* que preside o trabalho do artista, envolvendo inteligência, memória, aptidão, habilidade, cultura, não dispensa também aqueles *grãos de loucura* de que nos fala Bellemin-Noël (1978), possibilitando a transparência da *razão da sem-razão*.

Ainda a respeito de *inteligência*, há sobre o assunto um testemunho de Dr. Fry, na época chefe do Departamento de Fonética da Universidade de Oxford, em que ele diz:

Durante meus trinta anos de profissão observei a importância da música na educação, marcadamente sua influência na evolução da inteligência dos estudantes. Comprovei uma quantidade de casos em que o progresso do contato do estudante com a música coincidia com o progresso nas demais matérias, especialmente na matemática. Ao mesmo tempo notei que os prêmios de fim de ano de quase todas as matérias correspondiam quase sempre aos mesmos (alunos), músicos, da orquestra ou do coro. (apud Benenzon, 1971, p.20)

Marvin Minsky, músico e professor do Departamento de Ciência do Instituto de Tecnologia de Massachusetts (MIT), acredita que a música se associe intimamente à *inteligência*, de tal modo que, ao estudar uma, acabamos por lançar luz sobre a outra. Trabalhando por décadas com a chamada *inteligência artificial*, debruçando-se particularmente sobre a lógica matemática na medida em que ela sistematiza os processos da inteligência de forma que se baseiem em regras lógicas, ele acredita que o computador, programado para demonstrar inteligência à maneira dos humanos, provavelmente expressará também no futuro o desejo de ouvir música.

Considerando que Minsky foi um prodígio musical quando menino e que posteriormente seu interesse se voltou para a ressonância da música com seu modelo de mente, suas implicações inconscientes, complexidade e independência, controle e interação, acabamos por refletir sobre sua definição de música, arte que ensina sobre o tempo da mesma forma que a ação física ensina sobre o espaço. Rothstein exemplifica esse seu conceito com a *forma sonata*, dizendo que ela se traduz como uma exploração de um quadro musical. O tema, objeto da análise, é visto sob perspectivas diferentes nas quais a cada momento a mente recorre a um quadro musical, a uma teoria sobre o mundo temporal. É assim que quadros musicais levam à identificação de estilos musicais e também encorajam nossa rejeição àquele material que não se encaixe nas antigas estruturas.

Para melhor compreensão do conceito de inteligência e de inteligência artificial, no sentido tomado por Minsky, temos de considerar que para ele, assim como para Freud, apenas a superfície da razão é racional. Para Minsky a subsuperfície da mente é composta de *agências* que atuam de forma independente, cada qual com uma função própria e acionada sob certas circunstâncias. Minsky provavelmente se refere aqui aos processos *primário* e *secundário* de Freud, já abordados no capítulo 2. Aliás, sua posição é particularíssima, na medida em que ele não transporta suas ideias diretamente para programas de computador. Pelo contrário, ele passa muito tempo pensando, sim, sobre a natureza da mente humana, pensando em como a experiência é compreendida e em como a memória trabalha.

Se o conceito de *inteligência* é complexo e relativo, o de *inteligência artificial* é controvertido. De forma ampla podemos dizer que a área de interesse e investigação da *inteligência artificial* é o desenvolvimento de mecanismos de aquisição, representação e utilização do conhecimento. Em íntima correlação com a informática, ambas se articulam com as ciências cognitivas.

Procurando compreender os fenômenos e processos que intervêm nesse campo de investigação, Minsky observa que a *inteligência artificial* se utiliza do computador, programado para realizar funções "intelectivas". Ao computador cabe elaborar raciocínios simbólicos (o mais alto nível do pensamento humano), pensar sobre o não existente e pensar sobre o pensar (Soares, 1993, p.48).

Atualmente, o estudo da *inteligência artificial* envolve várias subáreas que abarcam pesquisas heurísticas, formulação de raciocínio lógico e solução de problemas, com significativas aplicações práticas no campo da teoria dos *jogos*, dos sistemas especialistas e no processamento de linguagem natural, robótica e programação automática. Nesse contexto a aplicabilidade da música assume importância privilegiada, quando então se comprova que, assim como na música tradicional, o repertório contemporâneo (música eletrônica, música de computador, estocástica,[2] fractal[3]) amplia o código do educando, anima o desenvolvimento de sua competência *lógico-matemática* e alimenta, por mais este viés, o desenvolvimento de suas faculdades cognitivas.

Como o importante é *aprender a ser*, como lembra Edgar Faure em relatório da Unesco, é necessário propiciar ao educando possibilidades de desenvolvimento de suas faculdades superiores, numa inter-relação constante com o desenvolvimento de sua sensibilidade, emoção e criatividade, a fim de que ele possa viver *a maravilhosa aventura do existir*. Esse é também o papel da música nas escolas.

Falando agora em desenvolvimento da linguagem, lembremos que até a década de 1970 os estudos nessa área eram caracterizados pelas tentativas de validar, em termos psicológicos, a gramática gerativa de Noam Chomsky.[4] Essa abordagem foi sendo paulatinamente abandonada e hoje as pesquisas se centram no problema do *sentido*. E a música é uma linguagem de múltiplos sentidos.

Como uma das piores heranças dos educandos é a estrutura de oportunidades, é necessário que se cultive o ideal democrático, criando condições para que todos tenham acesso à música culta, que se produzam oportunidades de acesso a ela, que se lhes faculte a possibilidade de estruturar cognitivamente sua própria prática a fim de transformá-la. Mesmo porque quem domina um código como o da música culta desenvolve maior capacidade de expressão e compreensão, maior capacidade de relativização de certezas, de argumentação e contra-argumentação.

---

2   Estocástico, do grego *stochos* (meta), é um termo que o compositor Iannis Xenakis tomou emprestado da teoria das probabilidades, significando um processo cujos passos são governados pelas regras de probabilidade.
3   Que se autorrepete dentro de, independente da ampliação do texto.
4   Em *O que é Linguística* (1989), Eni Pulcinelli Orlandi oferece uma introdução clara sobre a *gramática gerativa* de Chomsky, linguista inspirado no racionalismo e na tradição lógica dos estudos da linguagem e da *sintaxe*.

Geralmente consideramos que o domínio de um código culto é necessário mas não suficiente para que o educando possa pensar e agir como ser humano, com consciência de cidadania. Não obstante, no caso específico da música, isso parece possível na medida em que, como atividade significante, como *sentimento* e experiência *afetiva*, a prática musical transcende a mera cognição, auxiliando o educando a desenvolver sentidos que lhe permitem interpretar e desenvolver sua ação no mundo.

A natureza lúdica da música e sua polissemia estilhaçam significados e expõem as riquezas de novos sentidos ampliando, desse modo, a vivência do educando. Isso sem mencionar que seu código favorece o pensamento abstrato e formal, possibilita ultrapassar a pura experiência imediata, estrutura cognitivamente sua prática a fim de transformá-la e pressupõe a construção de uma desejada consciência de cidadania, tomada no mais amplo sentido da expressão. A linguagem musical *é*, assim, condição de possibilidade do mundo humano.

Como vimos, o hábito de ouvir música leva à especialização de um certo número de células da região de Wernicke, situada no lobo temporal esquerdo, na primeira circunvolução temporal esquerda, responsável pela representação auditiva das palavras e pelo conhecimento e reconhecimento dos sons das palavras ouvidas. Vimos que o exercício da escuta musical "especializa" algumas células dessa região só para a compreensão e o reconhecimento de sons musicais ouvidos, caracterizando o chamado *tipo auditivo*, bastante encontradiço. Esse conhecimento propiciou maior proximidade entre música e linguagem verbal, mas não podemos perder de vista a autonomia dessas áreas, porque são distintos os processos e mecanismos que servem a ambas. Sabe-se pelos trabalhos realizados em torno dos aspectos neurológicos envolvidos na prática da música, que indivíduos afásicos experimentam diminuição da capacidade musical. Posteriormente, outros achados comprovariam que pode haver afasia, *sem que no entanto haja qualquer prejuízo musical apreciável,* e que também o indivíduo pode se tornar musicalmente incapacitado, sem prejuízo de suas competências linguísticas fundamentais. Em outras palavras, danos nos lóbulos frontal e temporal direito resultam em dificuldades na discriminação e reprodução correta dos sons, mas, se esses danos acontecem em áreas homólogas do hemisfério esquerdo, as capacidades musicais serão em geral apenas relativamente prejudicadas, ao contrário das dificuldades observadas na linguagem verbal.

Fazer música (cantar, tocar, escutar) também sustenta o desenvolvimento do *senso rítmico,* resposta muscular ao estímulo musical. Memória do tempo, a experiência do ritmo é um "valor de vivência", beneficiando outras linguagens como o desenho, a pintura, a escultura, a poesia. Excedendo a mera experiência auditiva, confirmamos o que psicólogos e musicoterapeutas afirmam, que o principal elemento da vivência rítmica é a coordenação muscular e não o *sense of time.*

A primeira relação *ritmo interno/ritmo externo* ocorre já na fase intrauterina. Depois que o bebê nasce, essa relação se mantém particularmente pelo aleitamento, e de tal modo que, como diz Alberto Fontana,

> O recém-nascido vem ao mundo com a integração e soma dos ritmos de seus órgãos em crescimento, o tempo biológico somado aos ritmos percebidos auditivamente como provenientes do mundo externo. O primeiro ritmo que ele compara com seu ritmo interior (tempo interno) aparece com relação à sua necessidade da mãe, do peito. Ante frustrações, ante qualquer diferença entre sua necessidade e sua satisfação, ele se volta para uma fantasia de detenção do tempo externo, negação da necessidade, autismo, hipocondria. A aparição de um ritmo externo como a música vai permitir-lhe reestruturar uma relação com uma mãe muito frustradora. (apud Benenzon, 1971, p.72)

Nestas reflexões finais cabe lembrar a ação estimuladora da música na capacidade de *atenção* do educando, impulsionando a convergência da energia mental para um campo delimitado.

Envolvendo uma atitude muscular, intelectual e afetiva, a música pode tornar mais vivo o processo de atenção, de tal forma que o Howard Fatigue Laboratory, nos Estados Unidos, investigando a questão, confirmou a possibilidade de que certas músicas prolonguem a atividade psicomotora de pessoas predispostas, em medida superior ao efeito produzido por determinadas drogas.

Procedimento de penetrar na consciência e nos sentimentos do indivíduo pela percepção de formas sonoras em movimento, o código culto da música também estimula a *função crítica* e a *reflexão*. Como afirmou Cage (1985), a música não constitui apenas uma técnica de compor sons e silêncios, mas um meio de refletir e abrir a cabeça do ouvinte para o mundo, até para tentar melhorá-lo, correndo o risco de tornar as coisas piores.

Tendo em conta o *jogo* dialético dos sentimentos e das simbolizações, que se processa ao longo de nossa vida; considerando a articulação constante entre pensamento (sistemas simbólicos) e sentimento (experiências); refletindo que, desde os primeiros meses de vida, o bebê já se encontra rodeado por um grande número de estímulos, e que com a progressiva aquisição da linguagem vai ocorrendo uma "separação" entre o pensar e o sentir, propiciando o desenvolvimento de uma consciência reflexiva, observamos que a música emerge nesse contexto como linguagem que, carregando *sentido,* enseja a ressonância de uma ampla gama de sentimentos. Atentando para o fato, o psicólogo francês Paul Guillaume (1961) afirmaria que o sentimento é forma primitiva do conhecimento, o primeiro modo de se conhecer um mundo captado *sincreticamente.*

Observando por outro lado que a capacidade intelectual é uma função da aquisição da linguagem, entendemos que o acesso ao código elaborado da música culta estimula o *pensamento hipotético-dedutivo*, favorece o pensamento abstrato, transcende a pura experiência imediata, estrutura cognitivamente sua prática com vistas a transformá-la, forma, *in-forma*, diverte, tranquiliza e possibilita ao educando entrar em contato com realidades e experiências que se distanciam da mesmice do cotidiano. Diante da possibilidade de novas estruturas de pensamento e mobilização de várias dimensões da linguagem, penetrar nesse universo é outro modo de o educando se apropriar dos valores de sua cultura. Isso porque não podemos pensar em linguagem, qualquer que seja, sem relacioná-la dinamicamente com a cultura.

Fazer música é então *ler* o mundo externo e interno, emprestando-lhe significação. Fazer música não se restringe à apreensão de um universo físico-acústico; pelo contrário, é um "gesto", um gesto que se vive, uma experiência singular, única. Fazer música é ouvir, é *descobrir, é descobrir-se*.

Aliás, se o convite para essa descoberta já é proposto nos *jogos de montar* de Julio Cortázar, na multiplicidade de pontos de vista de William Faulkner, nas montagens cinematográficas de obras de Oswald de Andrade, encontramo-lo especificamente aqui, no rico universo de sons e ritmos da linguagem musical. Há portanto que se redimensionar o conceito de aprendizagem, promovendo uma reengenharia do ensino e nele *integrando* a música.

Mas o que observamos é que no geral nossas escolas não conferem a necessária atenção ao assunto. E isso porque ainda hoje se privilegia o hemisfério esquerdo do cérebro, essa modalidade da linguagem, do cálculo, da gramática, da escrita, análise e representação lógica. Nele situam-se as funções da fala, do raciocínio lógico-matemático e de tudo quanto se convencionou chamar de razão. Entretanto, aprendemos com Ivanov (1866-1949) e outros pesquisadores que esse hemisfério não é dominante, nem mesmo para a linguagem, uma vez que os sistemas de signos é que facultam comunicação e diálogo. É necessário pois que contemplemos também o hemisfério direito, modalidade não verbal, analógica, comparativa, holística, perceptiva, determinante para o novo, para as formas geométricas, para a criatividade e o comportamento emocional, onde o raciocínio se processa em imagens, não em palavras. De mais a mais, é absolutamente preciso ratificar que não existe um hemisfério mais importante que outro, na medida em que os dois contribuem para tudo quanto fazemos, ainda que de forma diferente. No caso da linguagem, por exemplo, o hemisfério esquerdo cuida do texto básico, das palavras, da sintaxe, da significação geral, e o direito cuida do contexto, das metáforas, de anedotas e trocadilhos.

Desse modo, uma pessoa que sofra uma lesão no hemisfério esquerdo que afete a fala perde o poder de dizer ou descrever coisas. Se a lesão ocorre no direito, entretanto, mesmo que ela possa dizer ou descrever coisas, acaba por perder o contexto dessas descrições, ou seja, ela não entende mais o seu sentido emocional, anedótico ou metafórico.

Ora, aprendizagem envolve a ação conjunta dos dois hemisférios. Não obstante, enquanto disciplinas como a química, a física e a matemática, priorizam o hemisfério esquerdo, a arte e o estudo de línguas estrangeiras priorizam mais o direito. Observemos entretanto que a música (que também é arte) interessa aos dois hemisférios, direito e esquerdo. Interessa ao direito, de capacidade inventiva, imaginativa, espacial e não verbal, por ser um discurso de expressão e sentido, um discurso de *tom afetivo*, remetendo ao tálamo, hipotálamo, ao sistema límbico enfim, onde se encontram os determinantes básicos instintivos da personalidade. O sistema límbico, ademais, exerce grande influência não só nas emoções musicais como na memória musical, seja porque o hipocampo (principal centro da memória) está aí situado, seja porque é lugar onde *o pensamento encontra a emoção* (Khalsa, 1997, p.124).

A música interessa também ao hemisfério esquerdo como discurso de lógica e raciocínio, sobretudo a música de código culto, envolvendo nossas individualíssimas funções psíquicas superiores, estimulando o raciocínio lógico, matemático, e enredando nesse movimento emoções, intuição e associação. É assim que ambos os hemisférios respondem à música. Ambos sustentam a percepção e a apreensão do mundo e ambos têm que ver com funções cognitivas, a despeito de empregarem modalidades diferentes no processamento das informações.

O cérebro duplo

> O hemisfério esquerdo analisa no tempo
> ao passo que o hemisfério direito sintetiza no espaço.
>
> (*Jerre Levy*)

Nos últimos anos descobriu-se que as pessoas *pensam* predominantemente com o hemisfério esquerdo e *sentem* com o direito. Nas décadas de 1960 e 70, o pesquisador Sperry mergulhou no estudo das funções dos hemisférios, merecendo por esse trabalho o Prêmio Nobel, de 1981. Suas pesquisas confirmam diferenças no funcionamento dessas áreas e reforçam trabalhos de clínicos como Geschwing (1965) e de experimentalistas como Kimura (1975) e Milner (1967), profissionais que sustentam que o esquerdo é dominante para a linguagem, para as funções conceituais e classificatórias, ao passo que o direito o é para formas gestálticas de percepção. Sperry também observou que essas funções valem para destros, enquanto as pessoas canhotas apresentam funções hemisféricas trocadas em relação aos destros.

As capacidades linguísticas são lateralizadas quase exclusivamente para o hemisfério esquerdo (em indivíduos destros), e a maioria das capacidades musicais o são para o direito. A observação dos efeitos provocados por lesões cerebrais confirma essas conclusões. Daí que uma lesão no lado esquerdo do cérebro tende a causar muito mais a perda da aptidão da fala do que uma lesão igualmente grave no lado direito.

Como fala e linguagem são intrinsecamente ligadas ao pensamento, ao raciocínio e às funções mentais, ao longo de todo o século XIX o hemisfério esquerdo foi tomado como o principal, o *dominante*, enquanto o direito foi tido como subordinado, *secundário*. E isso praticamente até hoje. Por outro lado, durante muito tempo estudos neurofisiológicos do cérebro estiveram concentrados nas funções do *corpo caloso*, aquele feixe nervoso e conector constituído por milhões de fibras que interligam os respectivos hemisférios, cuja principal função é permitir uma comunicação entre os dois, propiciando a transmissão da memória e do aprendizado. Ainda que sempre considerada uma estrutura importante, acreditava-se paradoxalmente que o *corpo caloso* podia ser inteiramente cortado sem que nada de significativo acontecesse às duas metades do cérebro, que continuariam a funcionar normalmente, sem prejuízo. Em 1960, entretanto, novas pesquisas trariam outros dados que acabaram por levar à reformulação desses conceitos e à conclusão de que ambos os hemisférios se encontram – sim! – envolvidos no funcionamento cognitivo superior. O esquerdo predomina na maioria das vezes, e o direito, mesmo sem influência sobre a fala, capta sensações, reage a elas, processa informações por conta própria – e não daquela forma subordinada que até então se supunha – e a comunicação entre os dois responde pela fusão das percepções. Dessa forma é garantida a sensação de sermos uma pessoa única.

Como vem sendo apresentado, durante muito tempo atribuiu-se grande ênfase às diferenças entre o cérebro esquerdo, *lógico*, e o direito, *emocional*, e no entanto eles são mais parecidos que diferentes, ainda que haja uma distinção funcional entre lógica e emoção. Essa dicotomia deve-se a diferenças entre o neocórtex e o sistema límbico, e não exatamente a diferenças entre os hemisférios.

À medida que as crianças crescem, os hemisférios vão-se *especializando* de forma complementar, em diferentes modalidades de raciocínio, passando a perceber a realidade à sua maneira. Mas ambos fazem uso de modalidades cognitivas que envolvem pensamento e raciocínio. O esquerdo, de forma verbal, analítica, lógica, simbólica; o direito, de forma não verbal, perceptiva, intuitiva, e com grande capacidade de formar imagens, o que nos permite concluir que *o cérebro é duplo* e que cada hemisfério processa as mesmas informações, mas de *modo diferente*.

Encontram-se desdobramentos fascinantes nesses estudos: quanto mais treinamento musical tiver, mais o indivíduo tenderá a se basear (ainda que parcialmente) nos mecanismos do hemisfério esquerdo para resolver tarefas que um iniciante enfrenta, sobretudo, pelo emprego de mecanismos do hemisfério direito (Gardner, 1994, p.93). Embora não seja totalmente claro o porquê desse desdobramento, Gardner procura respondê-lo asseverando que, ainda que o processamento real da música possa mudar de loco, é possível que a mera fixação de rótulos verbais para fragmentos musicais promova um *aparente* domínio do hemisfério esquerdo. Desse modo músicos treinados podem ser capazes de usar classificações linguísticas "formais" como auxílio, naqueles lugares em que indivíduos não treinados se baseiam em processamentos puramente figurativos (ibidem, p.93).

O homem que confundiu sua mulher com um chapéu

> Os limites de minha linguagem denotam os limites do meu mundo.
>
> (Ludwig Wittgenstein)

Esse subtítulo remete ao estranho caso relatado por Oliver Sacks, na década de 1980 professor de neurologia clínica no Albert Einstein College of Medicine, em Nova York. Em *O homem que confundiu sua mulher com um chapéu* (1988) Sacks demonstra a influência da música na compensação das dificuldades perceptuais de um paciente seu, chamado no relato de dr. P. Com problemas advindos da ação de um tumor que destruía progressivamente as partes "visuais" de seu cérebro, o dr. P. vivia mergulhado no mundo estranho e aparentemente sem saída dos distúrbios neurológicos e perceptuais. E no entanto a música vinha garantindo a continuidade de sua vida, incluindo a profissional. Recortamos aqui um espaço para contar, em poucas linhas, a história do dr. P.

Tipo *fônico* e *auditivo*, o dr. P. era um respeitado músico, conceituado cantor e professor. Em determinado momento de sua vida ele começou a apresentar problemas estranhos, visto não reconhecer mais seus alunos e amigos, embora reconhecesse seus movimentos e vozes. Cada vez mais incapaz de distinguir rostos, ele os via onde não existiam, em hidrantes e parquímetros, por exemplo. Intrigado e sem entender o que acontecia em termos de neurologia convencional, Sacks perguntava-se como esse paciente podia apresentar tão graves problemas e ainda assim desempenhar a função de cantor e professor de música em sua cidade, com competência e êxito. Suas dificuldades advinham do fato de que, embora seus lobos temporais estivessem intactos (e os lobos temporais são os lobos *musicais* do cérebro), havia um problema nos parietais e no occipital, particularmente nas áreas onde se processa a visão, acarretando dificuldades na percepção das expressões de um rosto. O motivo era um enorme tumor que ali se desenvolvia, destruindo as partes "visuais" do cérebro. E é aí que entra a música dando o seu recado, favorecendo a percepção prejudicada pelo referido tumor, possibilitando que o dr. P. *imaginasse* e *visse* seus amigos, *com o olho da mente*.

Transpor esse caso para o âmbito da educação nos permite inferir que estimular mudanças mentais, ou seja, passar de uma forma verbal e lógica de pensar para uma forma mais global e intuitiva, é procedimento que sempre se reveste de êxito com alunos de quaisquer níveis. Mesmo porque, já sabemos, ambos os hemisférios envolvem modalidades cognitivas, pensamento, raciocínio complexo, e ambos processam as mesmas informações, embora cada um o faça à sua maneira: o esquerdo, abstraindo, marcando o tempo, verbalizando; o direito, metaforizando, criando novas ideias e possibilitando a formação de imagens com o *olho da mente*, como acontecia com o dr. P. Dessa maneira, a despeito de que cada um de nós apresente-se de forma unificada, cada hemisfério tem o seu próprio modo de perceber a realidade externa. Mas o trabalho é concomitante, e em contínuo diálogo, com ambos os hemisférios atuando de forma integrada.

Desse modo, se na área da saúde permanece a possibilidade de reequilíbrio e reintegração pessoal e social do indivíduo com o auxílio da ferramenta musical, conforme observou Sacks, no campo da educação o papel da música é singular. E isso porque ela estimula de pulsões a atividades psíquicas superiores. E como o cérebro é um "órgão equipotencial" (Lashley, 1950), os hemisférios acabam por responder conjuntamente ao estímulo. Como aconteceu com Genie, criança submetida a graves abusos, que conseguiu desenvolver a linguagem graças à exploração do hemisfério direito, cujos estímulos provocaram também respostas do hemisfério esquerdo. Esse caso surpreendente foi descrito por S. Curtiss (1977).

Cientistas alemães da Universidade Heinrich Heine, em Dusseldorf, conseguiram localizar no cérebro de instrumentistas a zona responsável pela habilidade de identificação e nomeação das notas musicais. Relatada na revista norte-americana *Science*, essa pesquisa reforça a teoria de que, em razão das *especializações,* certas atividades do indivíduo se relacionam com o hemisfério direito ao passo que outras se ligam ao esquerdo. E outros estudos apontam para as porções anteriores direitas do cérebro, sugerindo que essa região pode assumir, para a música, a mesma centralidade do lobo temporal esquerdo para a linguagem.

Hoje sabemos que o "plano temporal" (parte do córtex que processa os sons verbais e não verbais), em músicos profissionais, é mais desenvolvido no hemisfério esquerdo, e que essa diferença é ainda maior nos músicos com noções de tons perfeitos. Por outro lado, se até então supúnhamos que o hemisfério direito (e tão somente ele) é que processava a música, agora há provas de que o esquerdo também está envolvido no processo. Entrementes, não conseguimos saber ainda se o talento musical e a assimetria entre os hemisférios são inatos ou se é o treinamento que ajuda a criar essa diferença. Mas supõe-se que o treinamento, começando cedo, pode alterar a conformação do cérebro.

Segundo Gardner (1994), aplicando essas descobertas à educação e ao ensino, e adotando a música na exploração das aptidões especiais dos hemisférios, acabamos por liberar o potencial *produtivo* e *criativo* do educando, com resultados surpreendentes. Dessa maneira, os novos saberes a respeito das modalidades e da ação dos hemisférios, somados às potencialidades musicais, certamente contribuirão para o processo de aprendizagem, podendo refletir os rumos de uma nova educação. Mesmo porque a habilidade adquirida na escuta e no fazer musical amplia a capacidade de cognição do educando, alimenta mudanças no seu potencial perceptivo, além do que o exercício da música e o canto em conjunto possibilitam acessar aquela parte do cérebro que funciona criativa e intuitivamente, favorecendo novas formas de sentir, de pensar, de expressar.

Nesse novo espaço-tempo da educação as escolas devem repensar a questão da música, com o objetivo de desenvolver no aluno essa espécie particular de aptidão que é a *aptidão emocional*, e essa espécie particular de emoção que é a *emoção estética*. Mesmo porque é nas artes (na música) que reside a esperança de um futuro para além das classes, como reza o *Manifesto Comunista Português* (Carvalho, 1976), e é nas artes que germinam articulações de práticas libertadoras e consciência de cidadania.[5] Nesse espaço-tempo proposto, a música se colocará em contraponto com as demais disciplinas, auxiliando o educando a encontrar a sua verdade, pois, ultrapassando a palavra, ela *fala* às emoções e aos afetos e, longe de comunicar uma informação doutrinária, sempre irá desvelar uma percepção subjetiva da realidade.

Todas essas reflexões se inflamam, sobretudo quando pensamos nas possibilidades de que a linguagem musical aproxime o educando de si mesmo, integrando-o como ser total. Com poder de oferecer uma saída emocional mediante uma experiência que integra totalidade, promovendo escutas que implicam ouvir direções, apresentando aspectos e maneiras de nos sentirmos no

---

5 Não estamos voltados aqui para a educação musical no sentido da formação do virtuose, o que por si só supõe a necessidade de aptidões e habilidades específicas. A preocupação é com a educação, com a formação da personalidade do educando, com o desenvolvimento de sua equação pessoal.

mundo, a música acaba por desempenhar um considerável papel auxiliar na formação do indivíduo e no rumo da sociedade, do povo, da coletividade. Sem esquecer que, como atividade espiritual – misto de "fantasia dirigida pelo cálculo" (Paz, 1977) –, ela também apresenta analogia com o dinamismo e as técnicas de produção do inconsciente, envolve criatividade, e o seu fazer e experiência geram esquemas de sentido e significado, estimulando novas formas de comportamento. É assim que o ato de fazer música afasta o educando da mesmice, propõe o novo, altera a ordem e a desordem, exorciza o pensamento rotineiro e redimensiona a percepção de mundo.

O educador deve, portanto, assumir no processo educacional a *dimensão estética* da música. Deve explorar a natureza de seus elementos constitutivos e *poiéticos* e fazer *uso* de seus *recursos*, para tanto incursionando no repertório tradicional, contemporâneo, erudito e popular (nunca popularesco), com base num bem elaborado plano pedagógico. Isso porque o sentimento estético-musical não existe no puro terreno da afetividade imediata, ele *é construído* e requer progressivo domínio intelectual e técnico que nenhuma espontaneidade permite dispensar. Ampliando o espectro das competências intelectuais para além das habilidades linguísticas e lógico-matemáticas e desenvolvendo procedimentos que permitem ao educando reconhecer-se e orientar-se no mundo, educadores musicais pregam a prática da música como elemento estimulador de operações semióticas, elemento que propicia ao estudante a possibilidade de construção de sentido, favorecendo uma mudança em suas relações com o mundo, com as coisas, as pessoas e com ele mesmo. Processo mediado por sistemas de linguagem (o que também significa dizer sistemas *musicais*), educar é conceber possibilidades para projetar semioticamente ambientes cognitivos (Monteiro & Feldman, 1999). Como a linguagem musical ajuda a construção do pensamento e favorece o diálogo com a realidade, ratifica-se mais uma vez a sua necessidade na educação.

Nestes novos tempos, com o mundo informatizado e globalizado, o mercado de trabalho vai assimilar melhor aquele profissional que excede sua competência. Se o educando se familiariza com outros saberes, com outras matrizes de conhecimento como a arte, a *música*, ele acabará por prover sua competência de novas habilidades como *criatividade, intuição, flexibilidade,* o que lhe facultará a visão de novas estratégias que acabam por se estender dentro e fora de sua própria área.

Finalmente, o exercício da música é uma forma de o educando encontrar a verdade – *a sua verdade* – e é também um dos meios de que ele se vale para conhecer a realidade. Ora, como todo conhecimento se distingue por uma *re-presentação*, esse tornar de novo presente a realidade possibilita-lhe "articular" sua percepção de forma clara e profunda. Nessa *re-presentação*, experienciar música é ler, interpretar, ouvir, criar, com o educando se caracterizando, nesse processo, como a presença de todas as determinações de uma interpretação, parafraseando Ortega y Gasset (1991).

Concluímos então que uma das funções mais importantes da música é ser guia da evolução da humanidade, em permanente interação com o meio, o indivíduo, a comunidade, pressupondo a construção de uma sociedade democrática no sentido mais amplo do termo. Ela não é apenas gozo estético, sensibilidade, mas também *força, potência*, sustentando a formação de uma consciência individual e coletiva. Não há pois que subestimar sua capacidade como matriz de conhecimento nem seu poder de expressão e mobilização, uma vez que, como produto e reflexo da sociedade e de um momento histórico, música é função atuante no devir da humanidade.

Daí que no processo educacional não devemos pactuar com a música vinculada ao gosto comercial, ideologicamente suspeito. Não devemos transigir àquela espécie de debilidade mental de que fala Adorno, que leva alguns compositores e ouvintes a negociar com o popularesco, com a facilidade, com o consumismo.

Devemos, sim, cultivar a música culta, pois o código culto amplia seu poder de cognição e expressão. Desenvolvendo o canto coletivo, o gesto, a escuta, trabalhando o ouvido, o senso rítmico, a sensibilidade, o temperamento estético, cultivando a prática musical e a improvisação dentro de um pensamento filosófico e pedagógico, o educador acaba por fazer uso inteligente de "um trunfo indispensável à humanidade na construção dos ideais de paz, liberdade e justiça social", como reza o *Relatório da Comissão Internacional sobre Educação para o século XXI*, Unesco (1991).

A dimensão educacional da música

> É no sensível que reside o ser
> do objeto estético.

Por que música nas escolas? Porque música é linguagem que se relaciona com experiências humanas; porque transcende a pura experiência sensorial assentando-se numa maior discriminação intelectual; porque o conhecimento que advém dessa prática confirma o conceito de que o saber não tem um fim em si mesmo mas nas ações que permite; porque ela favorece o desenvolvimento de sentidos e significados propondo novas formas de sentir e de pensar, algo como ouvir, ver, viver, *ouviver*, na feliz expressão de Décio Pignatari (Moraes, 1983, p.8); porque ela permite leitura plástica, poética e expressiva do mundo; porque ela faculta a sua transposição para outras linguagens, pela emoção que a escuta suscita; porque ela promove uma "equivalência" de sensibilidades; porque suas "terminações nervosas" dialogam com diferentes disciplinas (a música de Mozart, por exemplo, tem relação próxima com a geometria e com elementos da matemática básica).

Porque é estimulante descobrir que existe música na filosofia, na história, na matemática, na pintura – universo de tom, timbre, harmonia, *categorias musicais*; porque encontramos música na poesia – discurso revestido de potencialidades sonoras, de recortes melódicos, de pontuação expressiva, de cadências e acumulação polifônica de imagens; porque encontramos música no cinema – relação temporal dotada de métrica, ritmo, seleção, ordenação e duração, sequência e montagem.

Porque música é gesto, é expressão corporal, vocal, instrumental; é ato criativo repertoriado numa cultura, sustentado numa rede de estímulos, emoções e pulsões que escapam do regime lógico-formal; porque ela mobiliza potencialidades e emoções, revolve energias e pulsões; porque música é poética pura, processo de penetrar na consciência e nos sentimentos do indivíduo por meio da percepção de imagens sonoras em movimento.

Porque são consideráveis as suas possibilidades no campo da *motivação*, da *emoção*, da *criação*. Da *motivação*, pois o educando, consciente ou inconscientemente, é sempre sensível a uma ordem intelectual tal como a que existe na música; da *emoção* no sentido em que a sensibilidade musical se fundamenta numa forma de resposta emocional à música; e da *criação* porque música é um modo de organizar experiências, atividade que embora não nos dê os pensamentos do educando, dá-nos sua conduta, seu comportamento, esse modo peculiar de estar no mundo e de lidar com coisas e pessoas.

Porque música é experiência que harmoniza e transforma natureza e cultura, e o ser humano, *cultural por natureza*, é *natural por cultura* (Morin, 1979); porque ela é disciplina humanística, praticada dentro de um determinado ambiente social e cultural. O concerto clássico, por exemplo, é resultado de um complexo processo histórico e social, e obras significativas do Ocidente (Monteverdi, Bach, Debussy, Schoenberg) refletem, de alguma forma, o interesse de uma classe ou de determinado grupo social.

Porque música é arte da transgressão, do *passar além*, do exceder o limite imposto, um *jogo* de possibilidades ocultas de novas combinações ensejando perceber-se mais e melhor; porque ser músico é ser criativo, intuitivo, é ir além dos processos convencionais de raciocínio, é compreender metáforas, conceber novas combinações de ideias, sonhar, ser capaz de formar imagens e de estabelecer condições que provoquem transições cognitivas de um hemisfério a outro.

Porque o congelamento de antigas profissões em virtude da globalização vem credenciando novas formas de exercício do poder em que assomam a música, a informação e o virtual; porque a música comunga do pacto civilizatório mundial contemplando o conhecimento e as parcerias, reconciliando ciência e arte, caracterizando-se como "uma escuta poética da natureza", como diria Prigogine; porque o exercício da música garante uma projetada interação com a sociedade, estabelece um diálogo entre culturas com sua multissignificação, propicia liberdade de pensamento e expressão, enfatiza um modo privilegiado de contraponto entre saberes; e finalmente porque música é uma forma de comportamento. Essa é a sua grande contribuição para a área da educação.

Decretada a morte do despreparado, robustece-se a pertinência de um novo olhar às potencialidades da música e particularmente a seu uso como projeto auxiliar da educação e do desenvolvimento de novos modelos de aprendizagem, assentados no desdobramento de competências e na capacidade de *criar a novidade*. É portanto indispensável que essa discussão vá além, objetivando comportamento e atitudes a serem estimulados.

As novas perspectivas exigem do educando formação ampla que contemple ciências básicas e humanísticas como também o desenvolvimento de uma compreensão geral da arte e da *música*, visto estas serem necessárias pela garantia de *singularidade*, entre outras, que oferecem. Além do que, penetrando no universo musical, tomando contato com suas formas de expressão, "o senso estético se aprimora e ocorre o desenvolvimento de uma visão integradora que caminha para aquele anseio universalista, sistêmico, que se espera do novo cidadão" (Vanin, 1996).

A música dá o recado

Como o cérebro é espantosamente flexível, uma bem orientada prática da música nas escolas pode funcionar como ferramenta auxiliar na formação de novas sinapses, de novas conexões neuronais. Isso significa dizer que o seu exercício envolve infinitamente mais que o mero reconhecimento dos sons.

Situada *entre* a partitura e o instrumento, ou, *para além* da partitura e do instrumento, e acontecendo num tempo regido pelo *desejo* (no sentido psicanalítico do termo), o exercício da música se constitui mediante leitura, interpretação. Como pensamos com a mente e o *desejo*, é sedutora a premissa de que podemos alimentar a educação, o bem-estar e a consciência de cidadania do educando com o prazer da música culta, música que envolve diferentes dimensões, ressoando pelos múltiplos espaços do conhecimento.

Comportando uma desejada interdisciplinaridade, torna-se ainda mais necessária a sua presença na escola. É em razão da interdisciplinaridade que a história e a musicologia conseguem estabelecer uma relação entre Beethoven e o Iluminismo, Hegel e *forma-sonata*, Stravinski e Bergson, Eisler e ideologia, pois não existe música inocente. Esse modo privilegiado de inter-relação entre saberes torna excitante a descoberta de que existe diálogo entre música e história, e filosofia, e matemática, e pintura, e psicanálise – interfaces que se conectam, se articulam, se alimentam.

Sabendo que é o educando que constrói o conhecimento de si mesmo e das coisas que o cercam, acabamos por refletir a interdisciplinaridade como o meio mais eficaz de diálogo entre diferentes ciências. O que significa dizer que a interdisciplinaridade constitui um modo privilegiado de articulação entre saberes. Como a música é um sistema de signos que permite a escuta de direções; como ela é marcada por repetições e diferenças, tensões e relaxamentos, diacronismos e sincronismos, paradigmas e sintagmas, já se encontra aí uma articulação com a semiótica e a linguística.

Por sua natureza a música se estende às ciências físicas e matemáticas. Às ciências físicas, em razão de sua materialidade, som, silêncio, ruído. À matemática, em razão da dimensão concreta e quantitativa de que esta é dotada (duração, medida, proporção) e da possibilidade de desenvolvimento do pensamento lógico de que ambas, música e matemática, compartilham. Além do que a matemática trabalha com entidades abstratas, e sob suas afirmações mais complexas encontram-se propriedades lógicas, simples, tal como acontece no campo da música. De mais a mais, como o matemático, o músico é um criador de padrões que tendem a durar infinitamente mais que as palavras. Por sua duração, a música se articula com a fisiologia; por sua intensidade e timbre, com a psicologia; por sua estrutura e forma, com a nossa dimensão intelectual. A música dialoga também com a biologia em razão das mudanças que estimula no metabolismo, contraponta com a medicina como ciência paramédica (musicoterapia), relaciona-se com a desconstrução e a narratologia. Ela também compartilha algumas de suas propriedades com o cinema, o cinema metafórico de Eisenstein, e também estende-se à psicanálise, tendo em conta nossa condição humana de falantes dotados de um inconsciente, que encontram na arte uma atividade de expressão e produção de sentido.

Tanto quanto a psicanálise, a música é receptáculo daquele lugar de opacidade intransponível que é o imaginário. E se não bastasse, ela se articula mais uma vez com a psicanálise, com o desejo, o imaginário, o simbólico, pois é certo que jogos musicais regulam o desejo, o imaginário e o simbólico, além de que o investimento do sujeito em atividades musicais favorece a constituição de uma dialética da alteridade, em razão da inscrição da pulsão no campo da cultura.

Por outro lado ela se estende ainda à antropologia como *forma de comportamento*, pela qual se interpreta e representa o mundo. Esta afirmação é fundada no trabalho de psicólogos como David Krech e Harry Harlow. Em Krech, em razão de suas pesquisas sobre o cérebro, a emoção e a química cerebral no comportamento. Como a música participa das bases fisiológicas da gênese das emoções, como a emoção estimula aspectos bioquímicos no cérebro e como a equação pessoal é sustentada em um denominador hereditário, constitucional, cultural e químico-hormonal, conclui-se que a emoção musical desempenha papel efetivo no comportamento. E também essa afirmação se sustenta em Harry Harlow, em razão de suas pesquisas sobre os efeitos da aprendizagem e da programação genética nos modelos básicos de comportamento (e há muitos padrões básicos de comportamento que são aprendidos).

A sugestão assim é que repensemos a educação e que procedamos a uma reengenharia do ensino, trazendo a música de volta às escolas. Se a música não produz carros mais velozes, ela colabora na formação de cabeças *pensantes* e de indivíduos mais sensíveis à sua condição humana. Não podemos esquecer a dimensão educacional de uma linguagem que, relacionada com experiências humanas, fomenta ações e relações do indivíduo com a sociedade.

Se a tecnociência revolucionou o conceito de aprendizagem, se a informação, matéria básica hoje, deve ser prontamente assimilada, a música vai mais longe, equilibrando, humanizando e estendendo esse processo. O seu exercício desempenha significativo papel na vida imaginativa de todos nós, além de *revela*r segredos do inconsciente (*sou onde não penso, penso onde não sou*, na subversão do *cogito cartesiano* operado pelo ISSO), possibilitando expressão, motivando, estimulando à ação.

Tendo em conta que o pensamento musical envolve suas próprias regras e restrições; que cabe ao educador estimular o seu conhecimento proposicional como sistema; e que o agenciamento e a interpretação de seus sentidos e *símbolos* interessam também a muitas disciplinas, a música emerge então como *quinta disciplina*, numa metáfora à Quinta Disciplina desenvolvida por pesquisadores do MIT, como Peter Senge e seus colegas. Esse grupo estabeleceu, com a chamada Quinta Disciplina, a noção de *learning organization*, cuja proposta é uma nova base de aprendizagem em que o mote é *aprender o tempo todo*. Mesmo porque a sociedade do conhecimento exige a inserção de todos os seus membros em leitura, escrita, aritmética, computação básica, sistemas políticos, sociais, históricos, artísticos e *musicais*, impondo que *se aprenda a aprender*.

Como a linguagem musical envolve dimensões afetivas, cognitivas, históricas, ideológicas, sociais e individuais elaboradas de forma peculiar, e como "linguagem é uma atividade humana *universal* que se realiza *individualmente* mas sempre segundo técnicas historicamente determinadas" (Coseriu, 1980, p.91), é natural que a música seja inserida na escola. É a possibilidade de que o educando viva um espaço criativo e libertário.

Considerando que depois da Segunda Guerra Mundial, sobretudo nos países industrializados e socialmente mais avançados, vem-se observando um esforço da instituição-escola para ser mais aberta e permeável a novas ideias, a música nesse novo contexto colaborará no sentido de transformações que privilegiem crescimento na ordem democrática e na reforma de padrões comportamentais e disciplinares já superados. Ainda mais agora, com a indústria cultural, o computador, a informática e a realidade virtual revolucionando padrões educativos tradicionais, com exploração cada vez maior da imagem, do signo, do som. Devemos pois repensar e reformular a educação tal qual a conhecemos hoje, certos de que educar é formar cidadãos críticos, conscientes, *inteiros* e desejosos de melhorias sociais.

Como o importante é aprender a ser, faz-se necessário fornecer ao educando, como vimos neste trabalho, possibilidades de desenvolvimento de suas faculdades fisiocognitivas, explorando-se os recursos da música numa inter-relação com o desenvolvimento da sensibilidade, emoção, criatividade, a fim de que ele possa viver a maravilhosa aventura de existir. Como nada é inteiramente inato e nada é inteiramente aprendido, como fatores genéticos têm papel preponderante no desenvolvimento de potencialidades embora nada façam além de criar *possibilidades,* e como as estruturas mentais do educando precisam ser construídas (Piaget), agiganta-se a contribuição da música tomada como *ferramenta auxiliar* nesse processo.

Fechando estas reflexões, dizemos por fim que a música de código culto tem mesmo de ser solicitada a prestar contas do que ocorre à nossa volta, colaborando para acabar com a fome do brasileiro, fome que vai muito além do pão, na medida em que se pode ser faminto de oportunidades, de igualdade de condições, de educação, de saúde, cultura, lazer. Essa é uma forma de acabar com a anemia cultural que tantas vezes enfraquece o educando, pois ainda que essa deficiência não o torne famélico, faz que ele permaneça na condição de famélico.

É assim que a música dá o seu recado.

Referências bibliográficas

ADORNO, T. W. *Filosofia da nova música*. São Paulo: Perspectiva, 1974.
ALVES, R. *Conversas com quem gosta de ensinar*. São Paulo: Cortez, 1981.
_____. *Filosofia da Ciência*: introdução ao jogo e suas regras. São Paulo: Brasiliense, 1995.
ALVIN, J. *Musica para el niño disminuído*. Buenos Aires: Ricordi, 1966.
_____. *Musicoterapia*. Buenos Aires: Paidós, 1967.
ANDRADE, M. *Pequena história da música*. 8.ed., São Paulo: Martins Editora, 1977. (Obras Completas, v.8).
ANTUNES, C. *A construção do afeto*. São Paulo: Augustus Editora, 1999.
BARBOSA, A. M. *A imagem no ensino da arte*. São Paulo: Perspectiva, 1966.
_____. *Teoria e prática da educação artística*. São Paulo: Cultrix, 1975.
BARTUCCI, G. *Psicanálise, cinema e estéticas de subjetivação*. Rio de Janeiro: Imago, 2000.
BELLEMIN-NÖEL, J. *Psicanálise e literatura*. São Paulo: Cultrix, 1978.

BENENZON, R. O. *Musicoterapia y Educación*. Buenos Aires: Paidós, 1971.
_____. *Teoria da musicoterapia*. São Paulo: Summus, 1988.
BENENZON, R. O.; YEPES, A. *Musicoterapia en psiquiatría:* metodologías y técnicas. Buenos Aires: Barry, 1972.
BERNARDO, G. *A educação pelo argumento*. Rio de Janeiro: Rocco, 2000.
BOISSIER, G. *Interpretation d'un test sonore*. Berna: Delachaux et Niestlé, 1968.
BOSI, A. *O ser e o tempo da poesia*. São Paulo: Cultrix/Edusp, 1977.
BOULEZ, P. *A música hoje*. São Paulo: Perspectiva, 1972.
BOURDIEU, P. *As regras da arte*. São Paulo: Companhia das Letras, 1996.
BRENES, G. Educación Musical. *Boletín del Instituto Internacional Americano de Protección a la Infancia*. v.28, n.3, set. 1954.
CAGE, J. *De segunda a um ano*. Trad. Rogério Duprat. São Paulo: Hucitec, 1985.
CARVALHO, M. V. *A música e a luta ideológica*. Lisboa: Estampa, 1976.
CITELLI, A. *Linguagem e persuasão*. São Paulo: Ática, 1986.
CHALHUB, S. *A metalinguagem*. São Paulo: Ática, 1986.
_____. *Funções da linguagem*. São Paulo: Ática, 1987.
CHAUCHARD, P. *A química do cérebro*. Buenos Aires: Paidós, 1972.
CHNAIDERMAN, M. *Ensaios de psicanálise e semiótica*. São Paulo: Escuta, 1989.
CHOMSKY, N. *Linguagem e pensamento*. Petrópolis: Vozes, 1971.
_____. *Reflexions on Language*. New Jersey: Pantheon, 1975.
COLI, J. *O que é arte*. São Paulo: Brasiliense, 1984.
_____. *Música final*. Campinas: Ed. Unicamp, 1998.
COPLAND, A. *Como ouvir e entender música*. Rio de Janeiro: Artenova, 1974.
COSERIU, E. *Teoria del lenguaje y linguística general*. 2.ed. Madrid: Gredos, 1969.
_____. *Lições de Linguística Geral*. Trad. Evanildo Bechara. Rio de Janeiro: Ao Livro Técnico, 1980.
CURTISS, S. *Genie:* A Linguistic Study of a Modern-Day Wild Child. New York: Academic Press, 1977.
DALCROZE, E. J. *Ritmo, música e educazione*. Milano: Ubrico Hoepli, 1925.
DEBRESSE, M.; MIALARET, G. *Tratado das ciências pedagógicas:* História da Pedagogia. São Paulo: Companhia Editora Nacional: Edusp, 1977.

DERDYK, E. *Formas de pensar o desenho*. Desenvolvimento do grafismo infantil. São Paulo: Scipione, 1989.

DOMINGUES, D. (Org.) *A arte no século XXI*. São Paulo: Editora UNESP, 1977.

DUARTE JUNIOR., J-F. *Fundamentos estéticos da educação*. São Paulo: Cortez, 1981.

_____. *O que é beleza*. São Paulo: Brasiliense, 1986.

DUARTE, N. *Educação escolar, teoria do cotidiano e a escola de Vigotski*. Campinas: Autores Associados, 1999.

ECO, U. *Obra aberta*. 2.ed. São Paulo: Perspectiva, 1981.

EHRENZWEIG, A. *Psicanálise da percepção artística*. Rio de Janeiro: Zahar, 1977.

EPSTEIN, I. *O signo*. São Paulo: Ática, 1985.

EVANS, R. I. *Konrad Lorenz, the Man and his Ideas*. New York: Harcourt, 1975.

_____. *Construtores da psicologia*. São Paulo: Summus: Edusp, 1976.

EYSENCK, K. J. *The Structure of Human Personality*. New York: Macmillan, 1966.

FARRENY, H.; GHALLAB, M. *Eléments d'intelligence artificielle*. Paris: Hermes, 1987.

FAURE, E. *Learning to Be*: The World of Education Today and Tomorrow. New York: Unesco; Unipub, 1973.

FERREIRA, T. O. (1998). *Processo do ensino de música e sua vinculação com as apresentações musicais públicas no espaço escolar*. Goiânia, 1998. Dissertação (Mestrado em Música) – Faculdade de Música, Universidade Federal de Goiás.

FISHER, E. *A necessidade da arte*. 9.ed. Rio de Janeiro: Zahar, 1983.

FREIRE P. *Educação como prática da liberdade*. Rio de Janeiro: Paz e Terra, 1967.

_____. *Pedagogy of the Oppressed*. New York: Continuum Publishing, 1980.

FREUD, S. *El chiste y su relación con lo inconsciente*. 3.ed. Madrid: Alianza, 1963.

_____. *Beyond the Pleasure Principle*. New York: Bantam Books, 1967.

_____. *A interpretação dos sonhos*. Rio de Janeiro: Imago, 1972. (Ed. Stand. Bras., v.4 e 5).

FREUD, S. *Cinco lições de psicanálise*. Consultoria de Darcy Uchoa. São Paulo: Abril Cultural, 1978. (Os Pensadores)

_____. *The Mind's New Science*. New York: Basic Books, 1985.

GARDNER, H. *Estruturas da mente:* a teoria das inteligências múltiplas. Porto Alegre: Artes Médicas, 1994.

GARMENDIA, E. *Educación audioperceptiva*. Ricordi Americana: Buenos Aires, 1981.

GASTON, E. T. *Tratado de musicoterapia*. Buenos Aires: Paidós, 1968.

GOMBRICH, E. H. *Arte e ilusão:* um estudo da psicologia da representação pictórica. São Paulo: Martins Fontes, 1995.

GUILLAUME, P. *Psicologia da forma*. São Paulo: Companhia Editora Nacional, 1966.

_____. *La formation des habitudes*. Paris: PUF, 1974.

HANSLICK, E. *De lo bello en la musica*. 3.ed. Buenos Aires: Ricordi Americana, 1947.

HARLOW, H. F. A elaboração de conjuntos de aprendizagem. *Psychology Review*. v.56, p.51-65, 1949.

HARPER, B. et al. Apresentação. In: FREIRE, P. *Cuidado, escola*. São Paulo: Brasiliense, 1980.

HAUSER, A. *Teorias da arte*. Lisboa: Presença, s.d.

HEIDBREDER, E. *Psicologias do século XX*. São Paulo: Mestre Jou, s.d.

HERRERO, J. A. M. *Manual de antropología de la música*. Salamanca: Amaru Ediciones, 1997.

HERSEY, P.; BLANCHARD, K. H. *Psicologia para administradores de empresas*. São Paulo: Pedagógica e Universitária, 1977.

HOWARD, R.; LEWIS M. E. *Fenômenos psicossomáticos*. Rio de Janeiro: José Olympio, 1974.

HUIZINGA, J. *Homo Ludens*. São Paulo: Perspectiva, 1993.

JAKOBSON, R. *Linguística e comunicação*. São Paulo: Cultrix, 1968.

JENSEN, A. Até que ponto podemos elevar o QI e o aproveitamento escolar? *Harvard Educacional Review*, v.39, n.1, p.1-123, 1969.

JOURDAIN, R. *Música, cérebro e êxtase*. Rio de Janeiro: Objetiva, 1998.

JUNG, C. G. *O homem e seus símbolos*. Rio de Janeiro: Nova Fronteira, 1977.

_____. *Memórias, sonhos, reflexões*. 3.ed. Rio de Janeiro: Nova Fronteira, 1978.

JUNG, C. G. *O desenvolvimento da personalidade*. Petrópolis: Vozes, 1981.

KHALSA, D. S. *Longevidade do cérebro*. 12.ed. Trad. Sylvia Bello. Rio de Janeiro: Objetiva, 1997.

KOELLREUTTER, H. J. *Terminologia de uma nova estética da música*. Porto Alegre: Movimento, 1990.

_____. *Formas de pensamento e realização: vivência, experiência e integração*. Apostilas de curso do Instituto de Estudos Avançados – USP, 1987-1990. (mimeogr.)

KRECH, D. Atitudes e aprendizagem. *Psychology Review*, v.53, p.290-3, 1946.

KRIES, A. *O papel da especialização funcional do hemisfério direito do cérebro humano na aquisição de um novo código descritivo*. São Paulo, 1998. Tese (Doutorado) – Faculdade de Filosofia, Letras e Ciências Humanas, Universidade de São Paulo.

KUPFER, M.C. *Freud e a educação*: o mestre do impossível. 3.ed. São Paulo: Scipione, 1989.

LA ROCCA, C. Música. *Revista Cultural* (São Paulo), p.13, 2000.

LACAN, J. La agresividad en psicoanálise. In: _____. *Escritos I*. Buenos Aires: Siglo XXI, 1985.

LAJONQUIÈRE, L. *De Piaget a Freud:* para repensar as aprendizagens. 6.ed. Petrópolis: Vozes, 1997.

LANDA, F. Arte incomum sob efeito de choques. *O Estado de S.Paulo*, São Paulo, 17 nov. 1981.

LANGER, S. *Sentimento e forma*. Trad. dirigida por J. Guinsburg. São Paulo: Perspectiva, 1980.

_____. *Filosofia em nova chave*. Trad. dirigida por J. Guinsburg. 2.ed. São Paulo: Perspectiva, 1989.

LAPLANCHE, J.; PONTALIS, J. B. *Vocabulário de psicanálise*. 9.ed. São Paulo: Martins Fontes, 1986.

LARROYO, F. *História da pedagogia geral*. São Paulo: Mestre Jou, 1974.

LASHLEY, K. S. *In Search of the Engram*. Symposia of the Society for Experimental Biology, v.4, p.454-83, 1950.

LEAL, U. S. *Musicoterapia aplicada à psicopedagogia*. São Paulo: Imprensa Oficial do Estado, 1997.

LÉCOURT, E. A pesquisa francesa em musicoterapia. *Revista Brasileira de Musicoterapia*. ano 1, n.1, 1996.

LEIBOWITZ, R. *Schoenberg*. São Paulo: Perspectiva, 1981.
LEINIG, C. E. *Tratado de musicoterapia*. São Paulo: Sobral, 1977.
LEMAIRE, A. *Jacques Lacan*. Uma introdução. 3.ed. Rio de Janeiro: Campus, 1985.
LÉON, A. *Introdução à história da educação*. Lisboa: Dom Quixote, 1983.
LÉVY, P. *Cibercultura*. São Paulo: 34, 1999.
LIMA, L. O. *Mutações em educação segundo McLuhan*. 20.ed. Petrópolis: Vozes, 1991.
LOPES, E. M. T. *Perspectivas históricas da educação*. São Paulo: Ática, 1986.
LORCA, G. F. *Obras completas*. Madrid: Aguilar, 1977.
LORENZ, K. *On Aggression*. New York: Harcourt, 1966.
LOTMAN, I. *La structure du texte artistique*. Paris: Gallimard, 1973.
MANN, T. *A montanha mágica*. 2.ed. Rio de Janeiro: Nova Fronteira, 1952.
MASLOW, A. H. *The psychology of Science*. Chicago: Henry Regnery, 1969.
MASSERMAN, J. H. *Principles of Dynamic Psychiatry*. Collingwood: Saunders, 1955.
McCLELLAND, D. *Personality*. New York: Free Press, 1951.
McCONELL, J. Persuasão e mudança comportamental. In: _____. *The Art of Persuasion in Litigation Handbook*. West Palm Beach: American Trial Lawyers Association, 1966.
McLUHAN, M. *Understanding Media:* The Extensions of Man. New York: McGraw-Hill, 1965.
MDMAGNO. *A música*. Rio de Janeiro: A outra, 1986.
MERLEAU-PONTY, M. *Fenomenologia da percepção*. São Paulo: Martins Fontes, 1996.
MERRIAM, A. *The Anthropology of Music*. Evanston: Northwestern University Press, 1964.
METZ, C. et al. *Psicanálise e cinema*. São Paulo: Global Editora, 1980.
MILLER, N.; DOLLARD, J. *Neal E. Miller:* Selected Papers. Chicago: Aldine, 1973.
MONTEIRO, E.; FELDMAN, M. Mídia, Educação e Cidadania da Informação. *Revista Pátio*, p.39, 1999.
MORAES, J. J. *O que é música*. 2.ed. São Paulo: Brasiliense, 1983.
MORIN, E. *O enigma do homem*. Rio de Janeiro: Zahar, 1979.

MOURA E COSTA, C. *O despertar para o outro*. Musicoterapia. São Paulo: Summus, 1989.
NAFFAH NETO, A. *O inconsciente*. São Paulo: Ática, 1985.
NATTIEZ, J. J. *Music and Discourse:* Toward a Semiology of Music. New Jersey: Princeton University Press, 1990.
NERO, H. S. *O sítio da mente*. São Paulo: Collegium Cognitio, 1997.
NOT, L. *Ensinando a aprender*. São Paulo: Summus, 1987.
NOY, P. The Psychodynamic Meaning of Music. *Journal of Music Therapy*, III, December, n.4, 1966 (part. I) e 1967 (part II).
ORLANDI, E. *A linguagem e seu funcionamento*. São Paulo: Brasiliense, 1983.
_____. *O que é linguística*. São Paulo: Brasiliense, 1989.
ORTEGA y GASSET, J. *A desumanização da arte*. São Paulo: Cortez, 1991.
_____. *O que é filosofia?* Lisboa: Cotovia, 1994.
ORWELL, G. *1984*. 6.ed. São Paulo: Companhia Editora Nacional, 1972.
PAHLEN, K. *Síntesis del saber musical*. 4.ed. Buenos Aires: EMECE, 1969.
PAIXÃO, F. *O que é poesia*. 5.ed. São Paulo: Brasiliense, 1988.
PAPERTE, F. *Music in Military Medicine, Mental Hygiene*. New York: [s.n.], 1946. v.1.
PAZ, J. C. *Introdução à música do nosso tempo*. São Paulo: Duas Cidades, 1977.
PEIRCE, C. S. *La ciencia de la semiótica*. Buenos Aires: Nova Visão, 1974.
PIAGET, J. *Psicologia da inteligência*. Rio de Janeiro: Zahar, 1977.
_____. *Fazer e compreender*. São Paulo: Edusp: Melhoramentos, 1978.
_____. *Problemas de psicologia genética*. Lisboa: Dom Quixote, 1983.
PIGNATARI, D. *Informação, linguagem, comunicação*. São Paulo: Perspectiva, 1970.
_____. Previsto e Imprevisto. *Folha de S. Paulo*, São Paulo, 12 mar. 1995. Mais!
PIZA, D. Emoções são base para a complexidade mental. *O Estado de S.Paulo*, São Paulo, 6 ago. 2000. Cultura, p.D12.
PONCE, A. *Educação e luta de classes*. 2.ed. São Paulo: Cortez, 1981.
PORCHER, L. *Educação artística:* luxo ou necessidade? São Paulo: Summus, 1973.
PRIGOGINE, I. *Ideias Contemporâneas*. Entrevistas do *LE MONDE*. Trad. Maria Lúcia Blumer. São Paulo: Ática, 1989.
PROENÇA FILHO, D. *A linguagem literária*. São Paulo: Ática, 1986.

READ, H. *A educação pela arte*. Lisboa: Edições 70, 1982.
REUCHLIN. M. *Introdução à psicologia*. Rio de Janeiro: Zahar, 1979.
REVISTA BRASILEIRA DE MUSICOTERAPIA. ano II, n.3, 1997.
REVISTA CULTURAL SÃO PAULO. Secretaria de Estado da Cultura. ano 1, n.12, abril 2000.
RIBAS, C. J. *Música e medicina*. São Paulo: Edigraf, 1957.
ROUANET, S. P. Verde-amarelo é a cor do nosso irracionalismo. *Folha de S.Paulo*, São Paulo, 17 nov. 1985. Folhetim.
_____. *As razões do Iluminismo*. São Paulo: Companhia das Letras, 1987.
RUUD, E. *Caminhos da musicoterapia*. São Paulo: Summus, 1990.
SABAH, G. *L'intelligence artificielle et le langage*. Paris: Hermes, 1988. (v.1-2)
SACKS, O. *O homem que confundiu sua mulher com um chapéu*. 2.ed. Rio de Janeiro: Imago, 1988.
SAID, E. *Elaborações musicais*. Rio de Janeiro: Imago, 1992. (Biblioteca Pierre Menard)
SANTAELLA, M. L. *O que é semiótica*. 2.ed. São Paulo: Brasiliense, 1984.
SCHAFER, M. *O ouvido pensante*. Trad. Marisa Fonterrada. São Paulo: Editora UNESP, 1991.
SCHOENBERG, A. *The Musical Idea*. New York: Columbia University Press, 1995.
SEKEFF, M. L. O chiste e a música. *ARTEunesp*. v.2-4, p.123-9, 1986-1988.
SHATIN, L.; ZIMET, C. Influence of Music upon Verbal Participation. Group Psycotherapy, Diseases of Nervous System. *Journal of Music Therapy*, June, 1964.
_____. *Curso e dis-curso do sistema musical*. São Paulo: Annablume, 1996.
SILVEIRA, N. *Jung, vida e obra*. Rio de Janeiro: José Álvaro Editor, Paz e Terra, 1975.
SOARES, A. *O que são ciências cognitivas*. São Paulo: Brasiliense, 1993.
SOUZA, R. C. *Música*. São Paulo: Novas Metas, 1983.
SOUZA, A. M. *Uma leitura introdutória a Lacan*. Porto Alegre: Artes Médicas, 1985.
STRAVINSKY, I. *Poética musical*. Madrid: Taurus, 1983.
STUCKENSCHMIDT, H. H. *La musique du XX siècle*. Paris: Hachette, 1969.
TINBERGEN, N. *The Study of Instinct*. Oxford: Claredon Press, 1951.
TOMATIS, R. *L'oreille et le langage*. Paris: Seuil, 1964.
UNESCO. *La musique dans l'éducation*: Conference internationale sur le role de la musique dans l'éducation de la jeunesse et des adultes (Bruxelles, 29 juin – 9 juillet). Paris: Armand Collin, 1953.

UNESCO. *Relatório da Comissão Internacional sobre Educação para o Século XXI*. Paris, 1991.

VALLE, E. Educar a emoção: é possível? *Revista Emilie*, ano 1, n.2, 1998.

VANIN, J. A. A necessidade de se preparar. *O Estado de S.Paulo*, São Paulo, 28 jan. 1996. p.D8.

VASSE, D. *O umbigo e a voz*. São Paulo: Loyola, 1977.

VEYNE, P. *Ideias Contemporâneas*. Entrevistas do Le MONDE. Trad. Maria Lúcia Blumer. São Paulo: Ática, 1989.

WILLEMS, E. *L'oreille musicale*. Genève: Pró-Música, 1965.

_____. *Introducción a la musicoterapia*. Buenos Aires: Sociedad Argentina de Educación Musical, 1975.

_____. *Las bases psicológicas de la educación musical*. 4.ed. Buenos Aires: Editorial Universitaria de Buenos Aires, 1979.

WINNER, E. *Invented Worlds*. Cambridge Mass.: Harvard University Press, 1982.

WOLFF, J.R. *Sonho e loucura*. São Paulo: Ática, 1985.

ZAMPRONHA, E. *Notação, representação, composição*. São Paulo: Annablume, Fapesp, 2000.

ZAMPRONHA, M. L. *Da música como recurso terapêutico*. São Paulo: Editora UNESP, 1985.

SOBRE O LIVRO

Formato: 14 x 21 cm
Mancha: 23 x 43 paicas
Tipologia: Iowan Old Style 10/14
Papel: Offset 75 g/m2 (miolo)
Cartão Supremo 250 g/m2 (capa)
1ª edição: 2003

EQUIPE DE REALIZAÇÃO

Edição de Texto
Sandra Garcia Cortés (Revisão)

Editoração Eletrônica
Edmílson Gonçalves (Diagramação)